그 사람은
왜 _____

사과하지
않을까

그 사람은 왜 ——————— 사과하지 않을까

윤서람 지음

봄에

정신과 의사이자 베스트셀러 작가인 스캇 펙M. Scott Peck
의 책《거짓의 사람들》은 인간의 악한 마음에 대해 매우
자세히 다루고 있습니다. 제가 운영하고 있는 유튜브 채널
〈서람TV_힐링크리에이터〉와 여러분이 지금 읽고 계신 이
책이 만들어지는 데에 큰 영향을 주었죠. 스캇 펙은 다음
과 같이 말합니다.

"내가 보기에 인간의 악에 있어서 가장 본질적인 심리
문제는 바로 여러 가지 특정한 형태로 나타나는 '나르시시

즘'이다."

나르시시스트들은 무례한 행동을 하고도 죄의식이 없으며, 일부러 갈등을 조장하는 사람들입니다. 잘못을 저질러 놓고 그 책임을 타인에게 전가하는 데 탁월하죠. 어린아이가 테이블 위의 컵을 엎질러 놓고는, 엄마가 무서워서 "제가 안 그랬어요. 동생이 그랬어요."라며 동생에게 뒤집어씌우는 것과 같은 행동을 합니다. 그러고는 자신이 한 거짓말을 스스로 사실이라 믿어버립니다. 난 그런 적이 없다며 우는 동생을 거짓말쟁이로 몰고 가는 식이에요. 이러한 사고방식이 기반이 되어 자기 행동을 합리화시키기 위해 그들의 행동은 점점 더 악해져 갑니다. 나르시시스트들은 어른이 되어서도 이런 사고방식을 고수하는 사람들입니다. 자기 잘못을 순순히 시인했다가는 되려 자신이 위험한 상황에 빠지는 부당한 시스템 속에 살고 있다고 착각하고 있어요. 자신은 다른 사람들보다 더 잘 적응하며 살아온 사람들이라고 자부하면서 말이죠.

많은 사람은 이 나르시시스트들이 아주 똑똑하고 권모술수가 뛰어난 계산적인 인간이라고 오해합니다만, 사실은 그렇지 않습니다. 이들은 오히려 엉큼한 조무래기에 가까운 미성숙한 인간들, 즉 정신연령이 매우 낮은 갓난아이 같은 아주 유치한 인간들입니다. 그저 평생 거짓말 잘하는 법만 연구하며 살아왔기에, 나쁜 짓을 할 때만 머리가 천재처럼 돌아갈 뿐입니다. 뭔가를 외우고 반복하는 일은 굉장히 잘하기 때문에 특정 분야에서 성공해서 똑똑한 이미지를 갖고 있을 수도 있지만, 그들의 깊은 내면은 그저 성장이 멈춘 어린아이와 같습니다.

미국의 심리 치료사 샌디 호치키스Sandy Hotchkiss는 이렇게 말합니다. "나르시시스트들은 정서적 발달의 관점에서 봤을 때 만1~2세 상태에 고착되어 있다." 또한 프랑스의 심리 치료사인 크리스텔 프티콜랭Christel Petitcollin은 나르시시스트의 정신연령이 많아 봤자 12살이라며, 이들을 너무 대단하게 여기지 말라고 권고하죠. 그러면서 한편으로는, 그들이 일으키는 문제는 결코 가벼이 보아서는 안 되며, 그들로부터 고통받은 사람들의 괴로움 또한 간과해서는 안 된다고 강조하기도 합니다.

나르시시스트들은 정신연령이 매우 낮기 때문에 상식적인 방식으로는 소통하기가 어렵습니다. 이들과의 문제를 해결하기 위해 필요한 것은 이성적이고 논리적인 대화가 아닙니다. 오히려 비상식적인 대응이 더 큰 효과를 볼 때가 많습니다. 분명한 것은, 성숙한 사람들을 대하듯이 그들을 대해서는 안 된다는 것입니다. 완전히 다른 방법을 사용해야 합니다. 여러분이 이 책을 읽는 과정에서 이들이 얼마나 어리석고 수준이 낮은 사람들인지를 알게 되고, 또 우리가 얼마나 유치한 방식으로 그들을 대해야 하는지 이해하게 되셨으면 합니다.

오랜 세월 거짓말로 살아남는 법을 익힌 이들에게 거짓말이란, 자신을 보호해 주는 '방어막'이며 주변 사람들로부터 손쉽게 인정받게 해주는 '지름길'입니다. 거짓을 싫어하는 사람들은 이들과 마찰이 일어날 수밖에 없죠.

세상에는 다른 사람이 보지 않는 곳에서까지 정직을 고수하려는 사람들이 분명히 있는데, 저는 이들을 '에코이스트Echoist'라고 부릅니다. 나르시시스트와 완전히 반대 성향을 가진 사람들이지요. 나르시시스트들은 세상에 '거짓을 싫어하는 사람들'이 있다는 것을 믿지 못합니다. 모든 사람이 다 자신과 같은 사고방식을 가지고 산다고, 누구나 다 거짓말하기 좋아한다고 생각합니다. 따라서 이들은 거짓을 싫어하고 정직함을 선호하는 이 에코이스트들을 착한 척하는 위선자라고 여기죠.

그리하여 나르시시스트와 에코이스트는 결국 서로를 적대시하게 됩니다. 거짓말을 너무도 뻔뻔하게 하고는 양심의 가책을 전혀 느끼지 못하는 나르시시스트를 보며 에코이스트는 사람이 어떻게 저렇게 악할 수가 있냐고 혀를 내두르지만, 나르시시스트는 에코이스트들이 늘 착한 척, 정직한 척 가식을 부린다며 그들을 경멸하죠.

물론 세상 사람들을 두 부류만으로 나눌 수는 없을 거예요. 나르시시즘과 에코이즘은 일종의 스펙트럼과 같아서, 성향이 좀 더 강한 사람이 있고 덜 강한 사람이 있으며 예외적인 경우도 많아, 참으로 다양한 양상이 존재합니다. 따라서 우리는 사람들의 겉모습, 단편적인 모습만을 보고 함부로 그 사람이 나르시시스트인지 에코이스트인지를 판단할 수는 없습니다. 다만, 어떤 문제나 갈등을 발견했을 때, 마치 과학자가 된 것처럼 그 상황을 깊이 들여다보고 분석하여 많은 관심과 노력을 기울여야만 우리는 진실을 알아볼 수 있게 됩니다.

스캇 펙은 이렇게 말합니다.
"우리는 적어도 선과 악의 문제에 있어서 스스로 판단을 내릴 수 있을 정도까지는 각자가 다 과학자가 되려고 노력해야 한다."

저는 여러분이 이 책을 통해 세상에 나르시시즘이 존재한다는 것, 고로 악이 존재한다는 것을 알게 되셨으면 합니다. 사람을 미워하기보다는, 사람의 내면에 도사리고 있는 보이지 않는 '나르시시즘'을 미워하게 되셨으면 좋겠어요. 자기 안의 나르시시즘에 휘둘리며 자신이 무슨 행동을 하고 있는지 인식조차 못 하는 이 수준 낮은 사람들에 대하여 '딱하게 여기는 마음'을 갖게 되길 바랍니다. 그리하여 이들에게 휘둘리기는커녕 오히려 카리스마 있게 이들을 휘두르는 능력자가 되어서 주변의 질서를 잡아가는 삶을 살게 되셨으면 좋겠어요.

나르시시즘에 대해 제대로 공부한 사람들은 대부분 삶이 점점 더 바빠집니다. 세상을 그저 편안하게 살고자 하는 마음을 내려놓게 되죠. 내가 가진 재능과 능력으로 세상에 조금이라도 영향을 미치는 삶을 살아야겠다는 마음이 들거든요. 어떤 곳이든 나르시시스트가 리더가 되면 그곳은 지옥과 같은 곳이 되고, 많은 사람이 고통을 당하게 되기 때문에, 그 리더의 자리를 나르시시스트에게 내주고 싶지 않아집니다. 물론, 여러분이 만일 지금 상처가 깊고 스스로를 치유해야 할 시간 속에 있다면, 그 어떤 다른 것에도 얽매이지 말고 먼저 자기 자신을 잘 쉬게 해주고 잘 대접해 주셔야 합니다. 자기 자신을 보호하고 건강하게 만드는 것은 그 무엇보다 가장 우선순위가 되어야 합니다. 정말 사명감을 가지고 스스로를 보호하고 대접하고 쉬게 해줘야 합니다.

그러나 시간이 흘러 어느 정도 회복이 이루어지고, 다시금 마인드가 점점 강해지고 있음을 느낄 때쯤에는, 아마 여러분은 피할 수 없는 어떤 사명감 같은 것을 내면에서 발견하게 되실 거예요. '나르시시즘이 더 이상 퍼지기 전에, 사람들이 겉모습만으로 판단해서 나르시시스트들에게 휘둘리며 사는 그런 세상이 되기 전에, 내가 뭐라도 해야겠다. 영향력을 가져야겠다. 한마디라도 더 내 생각을 세상이 듣도록 만들어야겠다. 나르시시스트가 아닌 에코이스트에 가까운 사람들, 진실을 말하는 사람들이 어떤 분야에서든 한 명이라도 더 리더가 되어야 한다.'라는 생각으로 충만해지시길 바랍니다.

여러분 주변에 있는 수많은 사람이 여러분으로 인해 공정하고 진실한 세상을 맛볼 수 있도록, 어디에서든 무슨 일을 하든 그 자리에 존재해 주십시오. 영향력이 클수록 더 좋겠지만, 작은 영향력이라 하더라도 상관없습니다. 여러분 덕분에 다만 몇 사람이라도, 아니 다만 한 사람이라도, 세상에 '선'이 존재한다는 것을 그리고 '진실'이 이긴다는 것을 온몸으로 체감할 수 있도록, 그렇게 이 세상에 존재해야 합니다. 단 한 사람이라도 여러분을 통해 '선의 존재'을 경험하게 된다면, 그것은 절대, 작은 일이 아닙니다.

성경에서는 이렇게 말합니다. 한 사람의 가치는 온 우

주보다 작지 않다고. 한 영혼이 천하보다 더 귀하다고. 그런 고귀한 가치를 지닌 단 한 사람, 그 한 사람의 의식에, 그 생명에 선한 영향을 끼친다는 것은 절대 무의미한 일이 아닙니다.

스캇 펙은 "악의 심리학에 대한 대중의 인식이 늘어가는 것 자체가 그것의 남용을 막아주는 역할을 할 수 있다."라고 말합니다. 우리가 나르시시즘에 대하여, 인간의 악에 관하여 관심을 두고 올바른 지식을 습득할수록, 우리는 인간의 생명을 더욱 심각하게 받아들일 수 있습니다. 그리하여 그 생명을 건드리는 악에 대해서도 훨씬 더 심각하게 여기게 될 것입니다. 부디 제 책이 여러분으로 하여금 나르시시즘과 인간의 악에 대한 통찰력을 얻는 데에 조금이라도 도움을 줄 수 있었으면 합니다. 그리고 이 지식을 얻은 여러분과 주변의 사람들이 나르시시즘의 실체를 조금이라도 더 정확히 깨닫게 되기를, 그리고 그들이 주는 악한 영향에서 벗어나 선한 영향을 끼치는 인생으로 향하는 계기가 되기를 바랍니다.

나르시시스트와의 관계로 인해 심각한 상황을 겪고 있다면, 전문가의 도움을 받는 것이 최선임을 반드시 기억해 주시고요. 저는 또 유튜브 채널〈서람TV_힐링크리에이터〉에서 영상을 통해 여러분을 찾아 뵙도록 하겠습니다.

– 여러분의 모든 문제가 다 해결되기를 바라는, 윤서람 드림.

차례

1장

도대체 내가 뭐가 달라졌다는 건데?

연애 초기와는 너무 달라진 그 사람

"관계가 너무 빨리 진행되는 것은 '나르시시스트 연애'의 공통된 특징 중의 하나입니다. 모든 케이스가 다 똑같지는 않지만, 회오리처럼 강렬하게 몰아치는 자극적인 행복감이 '나르시시스트 연애'의 보편적인 공통점이라 볼 수 있어요."

– 라마니 더바술라Ramani Durvasula

연애 초반에는 정말 이래도 되나 싶을 정도로 저한테 잘해줬어요. "넌 다른 여자들과는 다르다"고 하며 언제나 칭찬 일색이었죠. 기념일이 되면 감동적인 이벤트를 열고, 매번 고가의 선물을 사주고, 제가 아프다고 하면 아무리 바빠도 일을 멈추고 달려와서는 하루 종일 간호해 줬어요. 세상에 이렇게까지 날 생각해 주는 사람이 또 있을까 싶었죠. 매일 보며 거의 같이 살다시피 했는데… 시간이 흐르면서 완전히 딴사람이 돼버렸어요.

민혜   진호 씨 요즘 나한테 너무 소홀한 것 같아.

진호   하... 왜 또? 또 뭐가 맘에 안 드는 건데?

민혜   이거 봐. 말하는 것도 그렇고, 예전에는 이런 말투가
       아니었다고. 너무 많이 변했어.

진호   그냥 기분상 그렇게 느껴지는 거겠지. 난 변한 거 없
       어. 너 요새 회사 적응이 잘 안되니까 생각이 자꾸 부
       정적인 쪽으로 흘러가는 거야.

진호 씨는 얼마 전까지만 해도 누구보다 세심하고 배려심 넘치는 남자친구였습니다. 민혜 씨가 조금이라도 서운한 점을 말하면, 그 말을 열심히 경청한 후 불만을 해소해 주려고 노력했었죠. 민혜 씨는 다른 것보다, 진호 씨의 그런 따뜻한 태도가 좋았습니다. 내 생각과 감정을 소중하게 생각해 주는 것 같아 굉장히 존중받는 느낌이었거든요.

그러나 요즘 들어 진호 씨는 민혜 씨의 모든 말에 자꾸만 시비를 겁니다. 민혜 씨가 생각과 감정을 표현할 때마다 냉담한 표정으로 "그건 잘못된 생각이야." "그런 식으로 느끼면 안 돼." "생각을 좀 긍정적으로 해."라고 말하는 거예요. 민혜 씨는 진호 씨를 이해시켜 보려 자신의 마음이 어떤지 상세하게 설명해 주었지만, 그럴수록 진호 씨는 더욱 반발합니다. "도대체 뭐가 그렇게 불만이야?" "그래서 내가 뭘 잘못했다는 건데?" "왜 내 탓을 해?"라며 오히려 민혜 씨를 몰아붙이기도 하고, 민혜 씨 때문에 싸움이 시작됐다며 화를 내기도 하죠.

민혜 씨는 그럴 때마다 자기 생각과 감정을 인정받지 못한다는 생각에 마냥 서운하기만 합니다. 왜냐면 진호 씨를 탓하려는 게 아니었거든요. 서로의 마음을 표현함으로써 함께 소통하고, 지금 있는 문제를 잘 해결하여 더 좋은 관계로 나아가고자 대화를 시도했을 뿐, 진호 씨를 괴롭히려는 마음은 전혀 없었으니까요. 그런데 이상하게도 진호 씨는 민혜 씨가 생각과 감정을 표현할 때마다, 특히 불만을 말하거나 부정적인 감정을 이야기할 때마다 마치 자신이 공격받은 것처럼 반응했고, 이때마다 민혜 씨는 자기 자신을 돌아보았습니다.

'내 말투가 혹시 너무 공격적이었을까?'

'내가 혹시 단어를 잘못 선택했나?'

'내가 오늘 잘못한 게 있는데 대놓고 말하지 못해서 저런 식으로 불만을 표하는 걸까?'

'내가 좀 더 잘해주면 나아지겠지.'

또 마음에 걸리는 것은, 이런 식으로 갈등이 있을 때마다 결국 사과하는 사람은 민혜 씨 본인이라는 점이에요. 대화가 길어질수록 이상하게도 민혜 씨에게 잘못이 있었던 것으로 결론이 났습니다. 또 한편으로는 길고 긴 싸움이 도무지 끝날 기미가 보이지 않으니, 이 의미 없는 갈등을 지속하기 싫은 마음에 민혜 씨는 스스로 잘못했다고, 미안하다고 먼저 말하기도 했습니다. 내가 잘못한 게 없어도 먼저 사과하고 관계를 평화롭게 이끌어 가는 것이 옳은 방법이라고 생각했기 때문이에요. 그렇게 민혜 씨는 매번 자기에게는 잘못이 없다고 생각하면서도 상대에게 져준다는 마음으로 사과합니다. 그런 식으로 또 아무 일 없다는 듯이 다시 관계는 평화를 찾곤 하죠. 문제가 생길 때마다 해결하지 못하고 그냥 덮고 지나가는 것 같아 마음 한편이 찜찜하기도 하고, 변화가 필요하다는 생각이 들기도 하지만 민혜 씨는 딱히 무엇이 불만인지 그 이유를 확실히 말하기가 어렵습니다.

나만 바라보며 헌신하던 그 사람, 왜 이렇게 변한 걸까요?

물론, 모든 인간관계는 시간에 따라 변할 수밖에 없습니다. 연애 초기의 감정이 변하지 않고 끝까지 가는 커플은 많지 않을 거예요. 대부분의 연인은 시간이 지나면서 초기와는 사뭇 다른 감정으로 서로를 대하게 되죠. 보기만 해도 심장이 두근거리는 연애 초기의 감정은 시간이 흐르면서 달라질 수밖에 없습니다. 사랑이 식어서가 아니라, 서로에 대한 신뢰감이 쌓여 편안함과 익숙함, 안정감 등으로 자연스레 감정이 변하는 거죠. 이렇듯 연인관계에서 변화란 늘 나쁜 것만은 아닙니다.

하지만 어떤 사람들은 이 변화의 양상이 좀 다르게 나타납니다. 상대방을 당황하게 하고 혼란에 빠지게 할 정도로, 순식간에 큰 변화를 보이는 사람들이 있어요. 처음에는 굉장히 헌신적이었던 사람이 어느 순간부터 너무할 정도로 무심해지고, 연인의 기쁨에도 아픔에도 무감각해지더니 급기야 연인을 볼 때마다 결점을 하나하나 들춰내고 비난하며 깎아내리기 시작하는 등 어느 시점을 계기로 아주 급격하게 딴사람으로 변해버리는 거죠. 상대방을 전혀 배려하지 않는, 몰인정한 사람으로 그야말로 '돌변'하는 것입니다. 그러고는 참 이상하게도, 상대방의 흠과 결점을 계속해서 들추기 시작합니다. 그리고 자신이 상대보다 더 옳은 사람, 우월한 사람이라는 걸 끊임없이 증명하려 들기 시작하죠. 상대방이 자기보다 얼마나 열등하며 잘못이 많은 사람인지를 확인시켜 주려 안간힘을 씁니다. 문제가 일어날 때마다 자신에게는 전혀 잘못이 없음을 주장하고 모든 것이 상대방 탓임을 강조해요.

이런 사람들에게 관계의 변화는 보통의 연인관계와 다르게 흘러갑니다. 신뢰를 바탕으로 서로를 배려하고 존중하는 방향으로 향해 가지 않아요. 더 우월한 사람과 더 열등한 사람으로 서열을 정하는 쪽으로 흘러갑니다. 그리고 항상 그들은 더 우월한 위치에 서길 원하죠. 판단을 받는 처지에서 판단을 내리는 위치로, 상처받는 처지에서 상처를 줄 수 있는 위치로 말이에요. '연인관계에 서열이 어디 있어? 서로를 존중하는 평등한 관계가 있을 뿐이지.'라고 생각한다면 당신은 아주 건강한 연애관을 가진 사람입니다. 안타깝게도, 그들은 당신처럼 생각하지 않습니다. 어떻게든 한쪽은 더 우월하고 다른 한쪽은 더 열등하다고 판단하고 싶어 합니다. 우월한 쪽이 강자가 되어 관계 위에 군림하고, 열등한 쪽은 약자가 되어 복종만 하는 관계, 즉 극단적인 서열 관계를 이뤄야 한다고 이들은 생각합니다.

그렇다면 그들이 연애를 시작하기 전, 혹은 연애 초기에는 왜 그렇게 상대방에게 잘해주는 걸까요? 이들이 아직 상대의 마음을 얻지 못했다는 생각이 들 때는, 상대적으로 그 사람을 강자로 생각하고 대우하기 때문입니다. 이들은 관계에서 결정권을 가진 사람을 강자라고 생각하거든요. 자신은 약자로서 당신의 마음을 얻기 위해 무엇이든 할 거예요. 당신이 하는 말에 경청하고 당신의 감정에 집중하며 당신의 눈치를 볼 겁니다. 마치 간도 쓸개도 다 빼줄 듯이 헌신적으로 행동할 거예요. 당신의 마음을 얻었다는 아주 확고한 생각이 들기 전까지 말이에요. 시간이 흘러 당신의 마음을 완전히 얻었다는 생각이 들면, 또 이제 상대방이 내가 하는 말대로 움직인다는 생각이 들면, 그들은 슬슬 변하기 시작합니다. 자신이 이 관계에서 더 강자가 되었다고 생각하기 때문이죠. 참 희한한 일 아닌가요? 연인관계에서 강자와 약자를 정하려 들다니. 건강한 사람들의 생각으로는 도저히 이해할 수가 없을 것입니다.

심리 전문가들은 이런 심리를 가진 사람들을 '나르시시스트'라고 부릅니다. 이들은 연인관계뿐 아니라 모든 인간관계에서 늘 서열을 정하려 들고, 관계에서 자신이 강자가 되어 지배력과 결정권을 과시하고 싶어 하죠. 그들이 바라는 연애는 서로를 신뢰하고 배려하며 함께 노력하는 관계가 아닙니다. 한쪽은 언제나 마음대로 권력을 휘두르고, 다른 한쪽은 일방적으로 희생하는, 마치 주종 관계와 같은 극단적인 서열 관계를 상식적인 관계라고 생각합니다. 따라서 혹시라도 상대방이 자신을 짓밟고 기어올라 강자 위치를 빼앗아 갈까 봐, 자신이 다시 약자의 위치로 내려가게 될까 봐 상대방을 계속 무시하고 괴롭힙니다. 자신이 하는 말과 행동에 서운하다며 상대방이 감정을 표현할 때마다 이들은 더욱 상대방을 만만하게 여겨요. 서운함, 상처받은 감정을 표현하는 것을 약자의 행동이라고 판단하기 때문입니다.

이들은 이러한 비상식적인 심리를 갖고 살면서 평소에

는 건강한 사람인 척 자신의 본심을 숨기고 살아가기 때문에, 사람들은 겉보기에 아무 문제 없어 보이는 사람인 줄만 알다가 관계가 깊어지고 나서야 뭔가가 잘못됐다는 판단을 내리게 되죠. 오직 상대를 지배하고 복종시키려 드는 이들의 연애 방식에 놀라워하면서 말이에요.

당신의 마음을 소유하기 위한 교활한 전략

세계적인 베스트셀러 작가 로버트 그린Robert Greene의 말에 따르면, 모든 사기꾼들에게는 공통된 특징이 있다고 합니다. 바로, 상대방을 먼저 '무장해제' 시키려 드는 것이죠. 즉 상대방이 자신에 대해 먼저 경계심부터 풀도록 만드는 것입니다. 전문가들은 나르시시스트들이 관계 초반에 상대에게 과하게 잘해주는 것 역시 상대를 무장해제 시키려는 일종의 전략이라고 봅니다. 상대방의 마음을 얻기 위해 상대방을 자신보다 강자로 생각하고 눈치를 보며 필요 이상으로 챙겨주는 아주 교활한 전략이죠. 많은 전문가들이 이것을 러브바밍(Love-Bombing)이라는 단어로 표현하는데, 마치 폭탄(bomb)을 투하하듯이 강렬하게 그리고 과도하게 애정을 쏟아붓기 때문입니다.

'러브바밍' 기간 동안 그들은 상대방을 향해 강렬한 찬사를 보내고, 꿀이 떨어지는 듯한 눈으로 바라보며, 감탄과 사랑을 속삭이고 감동적인 선물을 가득 안겨줍니다. 러브바밍의 대상이 된 사람은 이전에 한 번도 느껴본 적 없는 엄청난 즐거움과 환희, 쾌락을 느끼게 돼요. 이 과도한 애정 공세를 경험한 사람은 자신에게 이러한 특별한 감정을 선사한 상대를 누구보다 더 신뢰하고 의지하게 됩니다. 그리하여 이후에 상대방이 좀 이상한 행동을 하더라도 아주 넓은 마음으로 많은 것들을 용인하게 되죠.

그렇다면 이 러브바밍은 연애 초기에 얼마나 오래 지속될까요? 심리 전문가 라마니 더바술라Ramani Durvasula는 이

러브바밍 기간이 보통은 6주에서 12주 정도 지속된다고 말합니다. 기간이 이보다 더 짧을 수도 있지만 더 오래 지속되는 경우는 드물다고 합니다. 그럼 러브바밍이 끝나는 시점은 언제일까요? 그들이 생각하기에, '이 사람이 나를 완전히 믿고 이제 더는 의심하지 않는구나'라고 인식하는 때라고 합니다. 자신이 무슨 말을 해도 상대방이 무조건 "Yes"만을 말할 때, 그때가 되면 이제 슬슬 러브바밍이 끝나가는 것입니다.

러브바밍의 시기가 지나면 관계의 양상은 사뭇 달라집니다. 과도한 애정 공세를 통해 상대의 신뢰를 얻은 이후 그들은 조금씩 상대방을 깎아내리기(Devalue) 시작하죠. 이들에게 있어서 '비난'이란, 권력을 잡기 위한 도구와 같아요. 상대와 자신의 서열을 확실히 정하기 위해 이 비난을 사용합니다. 자신은 상대방에 비해 우월한 사람이기 때문에 상대방보다 옳고 그름을 더 잘 판단할 수 있고, 상대방은 자신에 비해 열등하기 때문에 자신보다 옳고 그름을 제대로 판단하지 못한다고 생각해요. 따라서 자신에게는 상대방을 비난할 능력과 자격이 충분히 있다고 보는 겁니다. 시간이 흐를수록 비난의 빈도는 점점 더 잦아지는데, 그럴수록 애정 공세는 서서히 그 자취를 감추고 말죠. 상대방을 향하던 모든 찬사와 달콤한 눈빛, 감탄과 사랑 표현이 언제 그랬냐는 듯이 완전히 사라져 버립니다, 완전히. 아마 당신의 말을 제대로 듣지도 않을 겁니다. 그리고 당신의 잘못을 지적하고 깎아내리는 것에만 집착하는 모습을 보이죠.

시간이 흘러 당신이 이들의 비난과 깎아내리기에 서서히 익숙해질 때쯤, 관계는 또 다른 양상으로 변화합니다. 그들은 상대를 무시하고 버려두기(Discard) 시작합니다. 상대방을 철저히 무시고 방치해두는 것이죠. 만남도, 연락도 이전과는 비교가 되지 않을 정도로 빈도가 줄어들기 시작합니다. 상대방은 그동안 경험한 러브바밍으로 인해 드디어 꿈에 그리던 단짝을 만났다는 생각이 들었고, 따라서 이제 관계를 더 좁혀가고 싶어 해요. 그런데 그 사람은 완전히 반대로 행동하고 있죠. 도대체 이게 무슨 일인가 싶은 생각이 들 수밖에 없습니다. 그러면서 동시에, '혹시 내가 뭔가를 잘못했나'라는 생각이 들기 시작하죠. '요즘 스트레스를 많이 받나?' '내가 모르는 사정이 있는 걸까?' '나한테 불만이 있는데 말하지 못할 이유가 있는 걸까?'라고 생각하며 연인의 눈치를 살피고 맞춰주려 애쓰게 돼요. 자신이 좀 더 잘하고 더 노력하면 관계가 개선될 거라고 믿고 계속해서 그 사람의 심기를 건들지 않으려 애씁니다. 그런데 아무리 노력하고 애를 써도 관계는 나아지지 않고 점점 악화할 뿐이에요. 결국 상대방은 지쳐서 다음과 같이 묻습니다.

"도대체 나한테 왜 그러는 거야? 예전에는 안 그랬잖아!"

그렇다면, 이 말을 들은 나르시시스트는 어떻게 반응할까요? 자기 자신을 돌아보며 그동안 소홀했던 자기 모습에 대해 사과할까요? 아마 정서적으로 건강한 사람이라면 그렇게 반응하겠지만, 이들은 그렇게 행동하지 않습니다. 자기 행동을 돌아볼 생각조차 하지 않아요. 자신은 그런 적이 없다고, 그런 일은 없었다고 말하며 상대방의 말을 거짓말로 몰고 갈 뿐입니다. 그리고 절대 자기 행동을 바꾸려 하지 않을 거예요. 이들은 사실, 지금의 관계에 매우 만족하고 있거든요. 불만을 호소하며 자신에게 관심을 요구하는 상대방을 보며, 겉으로는 화를 낼지언정, 속으로는 만족합니다. 모든 것이 뜻대로 돌아가고 있으니까요. 자신의 모순된 행동을 보며 감정을 분출해 대는 상대방의 모습을 보는 것은 이들에게 큰 즐거움이거든요. 다음과 같이 생각할 뿐입니다.

'그래, 내가 하는 말과 행동에 일희일비하는 네 모습이 참 '약자'답구나. 그런 너에 비하면, 감정에 전혀 흔들리지 않는 나는 정말 강하고 완벽한 사람임이 분명해.'

따라서 당신이 아무리 불만을 표현해도, 자기 행동을 고치려 하기보다는 오히려 평소 하던 행동의 강도가 세질 뿐이죠. 이들은 상대방의 감정과 생각을 무시하고 자기 뜻대로만 행동함으로써, 자신은 상대방에게 조종당하지 않는 강한 사람이라고 믿습니다. 자신이 이 관계에서 모든 분위기를 좌지우지하고 있으며, 상대방의 반응을 지배하고 있다는 느낌을 즐기는 사람들이에요.

'이 사람은 이제 내가 마음대로 할 수 있어. 나한테 꼼짝 못 해.'

대부분의 사람들은 이런 관계를 정상이 아니라고 생각하겠지만, 그들은 전혀 개의치 않습니다. 상대방이 불만을 토로하고 상처받는 모습을 보면서, 모든 것이 자신의 마음대로 돌아가고 있다고 생각하며, 자신의 지배력에 흡족해합니다. 상대방이 지쳐서 이제 더 이상 못하겠다고 떠나가려 할 때, 그때만 다시 러브바밍을 통해 상대를 붙잡아 두는 거죠. 그러고는 또다시 깎아내리기와 버려두기를 반복하며 상대방을 자기 뜻대로 들었다 놨다 하는 자신의 지배력과 우월감에 심취합니다.

인간관계는 그저 나를 꾸미는 도구일 뿐

이들이 관계의 초반에 누군가를 떠받들고 치켜세우는 데에는 한 가지 이유가 더 있습니다. 바로, 자신은 남들과 다른 특별한 사람이라는 생각 때문이죠. 자신이 이렇게 특별하게 대우할 정도로 아주 특별하고 대단한 사람과 관계를 맺고 있는 자기 자신이야말로, 특별하고 대단한 사람이라고 생각하고 싶은 거예요.

'이렇게 멋진 사람이 나를 가까운 관계로 여긴다면, 나역시 멋진 사람인 게 분명해.'
'이렇게 멋진 사람들이 나를 원하고 있어. 난 역시 대단

한 사람이었어.'

어떻게든 강자의 입장에 서고 싶은 그들은 인간관계를 도구 삼아 자신의 이미지를 완벽하고 특별하게 만들어 갑니다. 자신이 멋지고 뛰어나다고 하는 사람과 관계 맺음을 통해 자기 자신도 그들과 같은 멋지고 뛰어난 사람이라고 믿는 거죠. 그게 타인보다 강자의 입장에 서는, 특별한 사람이 되는 아주 쉽고 간단한 방법이니까요. 마치 타인의 이미지를 가면으로 쓰고 있는 것처럼 말이에요.

물론 연애할 때 상대방을 특별한 사람으로 여기고, 나 자신이 특별한 사람이 된 듯한 기분을 즐기는 것은 큰 문제가 되지 않습니다. 연인과 자기 자신을 마치 자로 재듯 냉정하게 객관적으로 평가할 필요는 없거든요. 오히려 연인일수록 더 특별하게 바라보고 싶은 것은 아주 자연스럽고 당연한 마음일 겁니다.

하지만 문제는, 나르시시스트가 생각하는 '특별함'이란 평범한 사람들이 생각하는 '특별함'과 매우 다르다는 것입니다. 그들이 생각하는 '특별함'이란, 흠이 전혀 없고 절대 잘못을 저지르지 않는, 모든 면에서 남들보다 우월하고 완벽한 것을 뜻합니다. 누군가에게 그런 특별함을 바라는 것이 과연 정상일까요? 그렇지 않죠. 세상에 흠 없고 완벽한 인간은 존재하지 않습니다. 누군가에게 흠이 없는 완벽함을 바라는 것은 그저 병적인 망상에 가깝다고 볼 수 있어요. 그런데 나르시시스트는 상대방에게 비현실적으로 특별함을 기대합니다. 따라서 상대방이 아주 조그마한 단점이나 결점을 보이는 것을 용납하지 못합니다. 따라서 처음에는 상대방을 전혀 흠이 없는 이상적인 존재로 생각하며 마치 우상처럼 대합니다만, 점점 관계가 가까워지면서 상대의 흠과 단점이 보일 때마다 필요 이상으로 크게 실망합니다.

따라서 만일 당신이 평범한 것으로 만족할 줄 아는 사

도대체 내가 뭐가 달라졌다는 건데?

람이라면, 특히 서로의 흠이나 단점을 가감 없이 보여주는 진솔한 관계를 원하는 사람이라면, 그 사람은 얼마 안 가 당신에게 실망할 게 뻔해요. 당신의 그 평범함은 그가 기대했던 바를 절대 충족시켜 주지 못하기 때문입니다. 그들이 당신에게 기대하는 것은 흠이나 단점이 없는 '완벽한 이미지'입니다. 남들 앞에서 자신을 빛나게 해줄, 마치 고급 장식품과 같은 완벽한 이미지. 이것이야말로 그들이 당신을 원하고, 당신에게 헌신적으로 노력하는 가장 큰 이유입니다.

연인이 나르시시스트라면 어떻게 해야 할까?

여러분이 만약 이처럼 해로운 사람들과 연애하고 있다면, 지금 필요한 것은 '관계 회복을 위한 노력'이 아닙니다. '이 사람과의 관계를 어떻게 회복할 것인가'를 생각할 때가 아니라, 다음과 같은 생각을 먼저 해야 합니다.

'정말 나를 사랑한다면 저렇게 행동하고 말할 수 있는가?'

　성숙한 사람들은 사랑하는 사람에게 어떻게 행동할까요? 그들은 상대방이 아무리 큰 잘못을 했어도 무턱대고 비난부터 하지 않습니다. 혹시 그럴 만한 이유는 없었는지를 먼저 헤아리려 하죠. 그리고 자신이 도움을 줄 수 있는 부분이 있는지 조심스럽게 파악하려 할 거예요. 여러분도 지금까지 그런 태도로 그 사람을 대하지 않았나요? 그게 바로 사랑하는 사람의 태도라고 생각하고 그렇게 행동해 왔을 거예요. 그런데 그 사람은 왜 당신과 달리 당신을 어떻게든 깎아내리려 드는 걸까요?

　만일 당신의 연인이 매번 당신의 말을 무시하고, 당신의 감정을 무시하고, 말을 제대로 경청하지도 않으면서 당신을 비난하려고만 한다면, 그 관계는 '회복 불가'로 결론 내야 합니다. 그 사람과의 관계를 최대한 빨리 정리해야 해요. 만일 나르시시스트가 당신의 가족이거나 혹은 이별하기 어려운 관계라면 다른 방법을 찾아 봐야 할 테지만, 연인이라면 일찌감치 헤어지는 것이 가장 좋은 해결책입니다.

"하지만 그 사람이 나르시시스트가 아니라면 어떡하죠?"
"내가 그 사람을 오해한 것 아닐까요?"
"내가 정말 잘못해서 그런 것일 수도 있잖아요."

여러분이 이런 질문을 하는 것은 전혀 이상한 일이 아닙니다. 나르시시스트와의 관계에서 피해자가 되는 사람들을 보통 에코이스트Echoist라고 하는데, 이들은 나르시스트와 완전히 반대의 성향을 가지고 있죠. 책임감이 강하고 거짓말을 싫어하며 특별 대우받는 것을 부담스러워하는 사람들입니다. 그리고 보통 사람들보다 매우 신중하고 생각이 깊습니다. 따라서 자신의 판단이 틀릴 가능성을 늘 염두에 두고 살아가죠. 자신이 함부로 타인을 판단해서는 안 된다고 생각하고 있어요. 여러분은 아마 연인을 함부로 판단하고 싶지 않을 겁니다. 그런데 한번 잘 생각해 보시기 바랍니다. 연인이 자신을 함부로 판단하는 것은 허용하면서도, 자신이 연인을 조금이라도 판단하는 것은 용납하지 못하는 이유가 뭘까요? 그동안 자신을 공정하게 대우하지 못해온 것은 아닌지 한 번 돌아볼 필요가 있지 않을까요?

2장

그냥 한 말인데,
뭘 그렇게 예민하게 굴어?

: 사람들 앞에서 자꾸 나를 깎아내리는 친구

"나르시시즘이 완전히 새로운 현상은 아니다. 허영심으로 가득 차 있고 탐욕스러우며 다른 사람을 교묘하게 이용하는 인격을 지닌 사람들을 항상 존재했다. 그들은 자기 자신의 모습을 부풀려서 인식하며 다른 사람들은 안중에도 없다."

– 샌디 호치키스Sandy Hotchkiss

민수 걔는 도대체 나한테 왜 이러는지 모르겠어요. 남들 앞에서 늘 저를 비하하고 무시하는데 도가 좀 지나친 것 같아요. 그뿐 아니라, 제가 민망하다고 그만하라고 말할 때마다 어떻게 대답하는 줄 아세요? "농담도 못 받아들이냐? 왜 그렇게 부정적으로 생각해? 다 너 생각해서 한 말인데. 무서워서 너한테 말도 못 하겠다."라는 식으로, 절 예민하고 열등감 있는 사람으로 몰아가는 거예요. 도대체 제가 어떻게 대꾸해야 할지 모르겠다니까요. 그 친구를 만난 날에는 소화도 잘 안 돼요. 도대체 왜 그러는 걸까요?

민수   애들아, 우리 성하 축하해 주자! 이번에 취직했잖아. 회사 이름이... 그, 뭐더라? 기억이 잘 안 나네. 인지도가 높은 회사였으면 바로 기억했을 텐데 말이야. 암튼 축하해 주자고!

성하   ○○ 기업이야. 축하해 줘서 고맙다, 민수야.

민수   그래, 그런데 너희들 그런 회사들 알지? 왜 몇 년 있다가 금방 망하기도 하고 새로 또 생기고. 성하 진짜 대단하지 않냐? 나는 불안해서 그런 데는 제의를 받아도 못 갈 것 같거든. 연봉이 높은 것도 아니고. 열정이 정말 대단하지 않아?

성하   20년도 넘은 회사야. 나름 분야에서는 자리 잘 잡은 튼실한 회사라고. 민수야, 축하해 줘서 고마운데 왜 그렇게 꼬아서 얘기해. 내가 뭐 이상한 회사에 들어간 것처럼.

민수   무슨 소리야? 지금 내가 축하해 주고 있는데 말을 그런 식으로 하냐? 나 좀 서운해지려고 그런다. 너는 친구가 말하면 좀 긍정적으로 받아들여. 사람이 부정적으로 살면 인생이 부정적으로 흘러간다고. 애들아, 안 그래?

성하와 민수는 고등학교 때부터 알고 지낸 동네 친구입니다. 그런데 이상하게도, 민수는 성하에게 좋은 일이 생길 때마다 곁에서 비아냥대는 모습을 보여 왔죠. 성하가 자신보다 시험을 조금이라도 잘 보거나, 반 대항 축구 경기에서 골을 넣거나, 친구들이 성하를 칭찬하기라도 하면 어떻게든 빈정거리며 성하를 웃음거리로 만들었어요. 고등학교 때부터 쭉 있었던 일이라 그러려니 하며 친구로 지내왔지만, 성하는 이런 민수의 태도를 더 이상 견디기 힘들다고 말합니다. 얼마 전 성하가 취업에 성공한 사실이 알려졌을 때도, 민수는 축하하는 척 말을 비꼬며 성하의 성공을 깎아내리는 모습을 보였죠. 정작 민수 본인은 몇 년째 취업 준비생에서 벗어나지 못하고 있으면서 말이에요.

일부러 갈등을 조장하는 사람들

이런 사람 겪어본 적 있으신가요? 상대방을 챙겨주고 위해주는 척하지만, 어느새 은근슬쩍 말을 비꼬며 깎아내리는 사람들 말이에요. 농담이나 칭찬, 충고, 조언 등을 이용해 아주 교묘하게 상대방을 비난하는 데 능숙한 사람들 말이죠. 차라리 대놓고 욕을 하거나 화를 낸다면 내 쪽에서도 시원하게 대응할 텐데, 워낙 교묘하게 깎아내리는 통에 이러지도 저러지도 못하고 속앓이만 하게 됩니다. 이런 상황에 만일 우리가 화를 내거나 그만하라고 요구하면 어떻게 될까요? 그런 사람들은 절대 자기 잘못을 인정하지 않죠. 어떻게든 상대의 탓으로 몰고 갑니다. 내가 '너를 위해' 한 말인데, 왜 나를 나쁜 사람을 만드냐고 되려 상대방을 나무라는 식이에요. 사과를 받아야 할 마당에 상대방으로부터 오히려 비난을 들은 상대방은, 기분이 나쁘면서도 동시에 '내가 정말 잘못한 걸까'하는 생각으로 죄책감을 느끼게 됩니다.

'얘가 이유 없이 나를 비난할 리가 없잖아.'
'별일이 아닌데 내가 좀 예민하게 굴었나 보다.'
'그래도 날 생각해서 한 말인데, 내가 너무 부정적으로 받아들였나 봐.'

자신을 돌아보는 데에 익숙한 사람일수록 더더욱 이렇게 생각하기 쉽습니다. 그 사람의 비난을 듣고는 오히려 자신의 행동을 돌아보고 점검하는 거죠. 정작 문제를 일으킨 그 사람은 뻔뻔하게 상대 탓을 하고 있는데, 죄 없는 사람이 오히려 자신을 자책하는 이상한 상황이 벌어집니다.

또한 오랜 시간을 보아오며 정이 든 사이에서는, 더더욱 상대방의 의도를 좋게 해석하고 싶어 하죠. 그 사람이 일부러 날 괴롭히려는 악한 의도가 있다고 믿고 싶지 않거든요. '어쩌다 보니 표현이 그렇게 나온 것뿐, 내면에는 분명히 나에 대해 좋은 마음을 갖고 있을 거야.'라고 생각하게 됩니다. 물론 우리가 사람들을 그렇게 너른 마음으로 대하는 것은 매우 중요합니다. 세상 모든 사람이 가끔 실수도 하고 의도와 다른 말을 내뱉기도 하므로, 우리가 평소에는 최대한 관용을 베풀며 살아갈 필요가 있어요.

그러나 세상에는 우리가 정말 조심해야 할 사람들, 보통 사람과는 다르게 대해야 할 사람들도 분명히 있습니다. 자신이 뭔가를 잘못해 놓고 일부러 악의적으로 남에게 그 잘못을 덮어씌우는 사람들이 있어요. 바로, '나르시시스트'들이죠. 크리스텔 프티콜렝(Christel Petitcollin)은 《당신은 사람 보는 눈이 필요하군요》라는 책에서 다음과 같이 말합니다.

"이들은 거짓말을 하고 현실을 부인하고 일부러 갈등을

조장한다. 애초에 악의로 똘똘 뭉친 사람과는 대화로 해결을 볼 수가 없다. 세상에는 사회적으로 멀쩡한 얼굴 뒤에 잔인하고 악독하고 위험한 심보를 숨기고 사는 사람들이 분명히 있다. 이러한 엄연한 사실을 부인한다면 여러분이 보호받을 수는 없을 것이다."

거짓말로 상대방에게 잘못을 뒤집어씌우고 비난하면서 양심의 가책을 느끼기는커녕, 만족하기만 하는 사람들이 분명히 있습니다. 의도적으로 문제를 만들어 상대방에게 책임을 돌리고, 그 사람의 아픔을 보며 승리의 웃음을 짓는 사람들이 틀림없이 존재해요. 이러한 비상식적인 사람들 앞에서는 우리가 상식적인 행동을 취해봐야 아무 소용이 없습니다. 대화를 시도하고, 힘든 감정을 표현하고, 바라는 것을 요청하는 식의 평화적인 방법으로는 그들과의 문제를 결코 풀어낼 수가 없어요. 당신이 평화적인 방식으로 문제를 해결하려 할수록 그들은 당신을 더욱 만만하게 생각하고 더 괴롭히려 들 겁니다. 상식적인 방법으로는 그들과의 문제를 절대 풀 수 없어요. 그들을 대하는 방법은 따로 있습니다. 보통 사람들 앞에서와는 분명히 다른 자세를 취해야 하죠. 그렇다면 그들을 설득할 수 있는 효과적인 방법은 무엇일까요? 그 방법을 알아보기 전에, 먼저 그들의 심리에 대해 이해할 필요가 있습니다.

그들의 사고방식, '네가 불행해야 내가 행복하다'

성하 씨에 대한 민수 씨의 마음을 한 번 추측해 볼까요? 어떤 연유로 자꾸만 친구를 조롱하려 드는지 그 심리를 짐작해 보자면 다음과 같습니다. 몇 년째 지속되는 이 취업 준비생이라는 위치는 변할 것 같지 않고, 민수 씨는 불안하기만 한 자신의 미래에 대해 생각하느라 밤마다 잠도 잘 오지 않습니다. 자신의 상황은 조금도 나아질 기미가 보이지 않는데 자기와 비슷한 처지에 있었던 주변 친구들은 점점 자리를 잡아가고 있죠. 모두가 앞으로 나아가는 것 같

은데 오직 자신만 멈춰있는 듯한 느낌이 듭니다. 좌절감과
절망감 때문에 견딜 수가 없는 거예요.

　　이런 감정이 들 때 여러분은 어떻게 하나요? 남들보다
뒤처지는 것 같은 느낌이 들 때 말이에요. 어떤 이는 지금
의 상황에서 벗어나기 위해 이전보다 더 큰 노력을 기울
여 자신을 발전시켜 나갈 것입니다. 자신에게 필요한 자격
증을 더 취득하거나 시험공부에 더욱 매진하는 식으로 취
업 준비에 더 박차를 가할 거예요. 또 어떤 사람은 괴롭고
힘든 이 감정을 누군가와 나누고 위로받길 원하죠. 친구와
진지하게 고민을 나누고 술잔을 기울이거나, 지인이나 가
족을 찾아갈 수도 있습니다. 감당하기 힘든 부정적 감정이
들 때, 그것을 해소하기 위해 우리는 여러 가지 노력을 기
울여 볼 수 있어요. 분명한 것은, 건강한 사람이라면 이런
불안감을 해소하기 위해 남을 괴롭히지는 않는다는 것입
니다.

그런데 남을 괴롭히는 아주 비열한 방식으로 자신의 감정을 해결하는 사람들이 있습니다. 이들은 자신의 부정적인 감정을 해결하기 위해 타인을 이용하죠. 상대방을 괴롭혀서 자기 대신 그 부정적인 감정을 느끼도록 만듭니다. 상대방을 비하하고 깎아내림으로써, 자기 대신 그 사람이 그 불편한 감정을 느끼게 하는 거죠. 그런 식으로 자신에게 있는 부정적인 감정을 타인에게 떠넘깁니다. 크레이그 말킨Craig Malkin 박사는 이를 '뜨거운 감자'라는 단어로 표현합니다. "난 이 뜨거운 감자 갖고 있기 싫으니까, 네가 가져!"라고 하면서 다른 사람에게 그 감자를 던져 버리듯, 자신의 불편한 감정을 타인에게 던져 버리는 것이죠.

"거길 들어가겠다고? 네가? 사람이 자기 분수를 알아야지."

"그 회사 별로인 거 몰랐어? 좀 제대로 알아보고 결정해."

"지나간 일 얘기한다고 문제가 해결돼? 생각을 좀 하고 살라고."

주변의 만만한 누군가를 타깃으로 삼고서는, 조언인지 조롱인지 모를 모호한 말들로 상대의 내면을 흔들고 불안을 증폭시킵니다. 이들이 하는 말을 잘 살펴보면, 실은 대부분이 '자기 스스로에게' 해야 할 말임을 알 수 있습니다. 자기에게 해야 할 말을 상대방에게 쏟아냄으로써, 자신의 불안과 불행을 모두 상대에게 전가하는 거예요. 그렇게 자신의 부정적인 감정과 불안한 현실을 지워 버리는 거죠.

한편, 타인을 비하하고 조롱하고 깎아내리는 행동을 통해서 이들이 얻을 수 있는 것이 한 가지 더 있습니다. 상대를 짓밟고 업신여김으로써 상대적으로 자신이 높아지는 느낌을 받는 것. 그들은 이런 식으로 자신의 열등감을 해결합니다. 따라서 이들은 언제나 자신보다 불행한 누군가를 만들고 싶어 해요. 그 사람에게 자신의 불행을 전가함으로써 자신이 그 사람에 비해 덜 불행하다는 느낌을 받습니다. 그 사람과 비교해서 느껴지는 상대적 우월감으로 인해 일시적으로 정서적 쾌락을 누리는 거예요.

이들은 평소에 만만한 사람을 표적으로 삼고 그 사람을 깎아내리며 자신의 부정적인 감정을 전가하고 우월감에 심취합니다. 그런데 만일 이런 만만한 상대가 자신보다 먼저 주위에서 인정받기 시작한다면 어떻게 될까요? 자신보다 좀 더 일찍 취직한다거나 좋은 성과를 낸 것이 주변에 알려지거나, 또는 멋진 사람과 연애를 시작한다면 말이에요. 그런 상황을 좋은 시선으로 바라볼 리가 없겠죠. 이들의 좌절감은 정말 걷잡을 수 없이 커집니다. 만만해 보였던 그 사람이 자신보다 조금이라도 우월한 모습을 보이는 것을 감당할 수 없는 거예요. 따라서 이들의 성향상 필연적으로 그 사람을 조롱할 수밖에 없습니다. 자신의 그런 음침한 내면을 들키지 않기 위해 선하게 포장된 말을 늘어놓으면서 말이죠. '내가 너 생각해서, 너를 위해서 하는 말'이라며 조언이나 칭찬, 농담 등으로 포장하지만, 그 말속에 담긴 진짜 의미는 다음과 같습니다.

"네가 그렇게 행복해지면 그만큼 나는 불행해질 수밖에

없잖아. 그러니 나를 위해 넌 불행해져야 해."

도대체 왜 이러는 걸까

《사이코패스와 나르시시스트》의 저자인 김태형 심리학자는 나르시시스트를 '심각한 애정 결핍 환자'라고 말합니다. 애정 결핍 환자가 모두 나르시시스트인 것은 아니지만, 나르시시스트들이 모두 애정 결핍 환자인 것은 분명하다고 해요. 이들의 마음속에는 분노 감정이 많이 누적되어 있습니다. 남들과 사랑을 나눠 가질 수 있는 마음의 여유가 없기 때문에, '자신에게 와야 할 사랑을 빼앗아 갈지도 모를 타인'들을 무섭게 시기하고 질투하죠.

이들은 타인이 주목받고 인정받을 때, 자신이 받아야 할 관심과 인정을 그 사람이 빼앗아 간 것으로 생각합니다. 애정 결핍으로 인해 타인의 입장을 전혀 고려하지 못하며 오로지 자기 자신을 과시하고 드러내는 데에만 혈안이 되어 막무가내로 행동한다는 것입니다. 자신에게 와야 할 관심과 사랑이 타인에게 향할 때 느끼는 시기심, 자신이 사랑받지 못했다는 열등감으로 인해 이들은 남을 괴롭히고 깎아내립니다.

또한 여기에 이들의 정신 연령도 한몫합니다. 《나르시시즘의 심리학》의 저자 샌디 호치키스는 이렇게 말합니다. "나르시시스트들은 정서적 발달의 관점에서 봤을 때 만1~2세 상태에 고착되어 있다." 만1~2세 때의 아이들은 자신이 대단한 존재인 듯한 감정을 경험한다고 해요. 이 시기를 '자기중심적 단계'라고 하는데, 이것은 아주 자연스러운 일이라고 합니다. 어린아이들의 정신 발달에 없어서는 안 되는 중요한 단계입니다. 점점 세월이 흘러가면서 아이는 이 자기중심적 단계에서 벗어나 타인의 입장을 헤아릴 수 있는 성숙한 사람으로 발전해 나가게 되는데, 샌디 호치키스는 다음과 같이 말합니다.

"나르시시스트들은 정신적으로 자기중심적 단계에서 벗어나지 못한 '발육 정지 상태'에 있다."

정신 연령이 낮은 나르시시스트들은 타인을 개별적인 존재가 아니라 자기 자신의 연장이라고 생각합니다. 마치 어린 아기가 엄마와 자신을 동일시하고 엄마를 자기 몸의 일부처럼 생각하는 것과 같아요. 아기들은 자기 자신과 엄마를 구분하지 못하죠. 배가 고프거나 아프거나 힘든 일이 생기면 무조건 울어서 엄마를 부릅니다. 조금이라도 불만이 생기면 울면서 엄마를 찾고, 엄마가 모든 것을 책임지고 해결해 주길 원해요. 스스로 할 수 있는 것이 아무것도 없기 때문에 아기들에게는 어쩔 수 없는 일이죠. 부모가 이 아기의 손발이 되어서 모든 것을 해결해 줘야 합니다.

그런데 나르시시스트들은 나이가 들어 성인이 되어서도 정신적 발육 상태가 이 어린 아기와 같다는 것입니다. 그렇기에 이들은 자신의 문제를 내가 아닌 타인이 해결해야 한다고 생각해요. 남들과 경계를 분명히 하고 독립된 자의식을 발달시키는 데에 심각한 인격적 결함이 있는 사람들입니다. 이들은 자기를 만족시켜 줄 가능성이 보이는 사람들을 자신의 일부인 양 생각하죠. 즉 자신의 욕구와 기대를 채워주기 위한, 자기 손발과 같은 도구로 생각합니다. 다시 말해서, 자기만족을 위한 착취의 대상으로 본다는 것입니다. 어린 아기가 엄마의 도움을 받는 것은 아주 당연한 일이지만, 성인이 되어서도 마치 아기처럼 자기 할 일을 남에게 떠넘기는 것은 우리가 봐주기 힘든 일이죠. 그건 사람을 이용하고 착취하는 일이라고 보아야 합니다.

성하 씨를 괴롭히는 민수 씨처럼, 나르시시스트들은 자신이 스스로 해결해야 할 부정적인 감정을 남에게 떠넘겨 대신 해결하게 만듭니다. 그런 식으로 남을 '이용'하고 자신은 그 사람을 이용할 권한이 있는 주인이라도 된 양 느껴지는 우월감을 통해 자기 내면에 존재하는 열등감을 일시적으로 해결합니다. 이러한 비상식적인 행동 패턴이 사실은 '정신적 발육 정지 상태'에서 기인한다는 것을 기억하셨으면 좋겠어요. 그리하여 이렇게 수준 낮은 행동을 하는 사람들을 만났을 때, 앞으로는 절대 그들의 말을 믿지도 말고, 휘둘리지도 않으시길 바랍니다.

당신이 꼭 알아야 할 가장 기본적인 대응 방법들

사실 누군가가 나를 지속해서 비난하고 수치심을 안겨준다면, 내가 잘못한 것이 없는데 자꾸만 나에게 책임을 돌린다면, 가장 효과적인 방법은 관계를 끊는 것입니다. 그런 사람들을 곁에 두지 않는 것이 나쁜 영향을 받지 않을 가장 효과적인 방법일 테니까요. 그렇지만 안타깝게도 인간관계란 그렇게 쉽게 떼었다 붙였다 할 수 없는 경우가 많습니다. 보기 싫어도 어쩔 수 없이 계속 봐야 하는 경우가 분명히 있거든요. 그럴 때는 어떻게 하면 좋을까요? 그들의 이유 없는 비난과 조롱에 휘둘리지 않기 위해 우리가 반드시 기억해야 할 가장 기본적이면서도 효과적인 두 가지 대처 방법을 알려드리겠습니다.

첫 번째, 그들 앞에서 그저 '지루한' 사람이 돼보세요. 마치 길가에 놓여있는 '회색 돌'과 같이 말이에요.

우리는 길을 걷다가 주변에 핀 꽃이나 멋진 나무를 보면 잠시 멈춰서서 이를 감상하기도 합니다. 그러나 사람들이 아주 흔한 회색 돌덩어리를 보고 멈춰서서 감상하는 일은 거의 없죠. 흔해 보이고 별 재미도 느껴지지 않으며 들여다봤자 지루하기 때문이에요. 우리는 그들 앞에서 이 회색 돌 같은 존재가 됨으로써 우리 자신을 지킬 수 있습니다. 그들 앞에서 감정을 내비치지 않고, 방어나 논쟁도 하지 않고, 어떠한 설명도 하지 않는 거예요. 즉 반응을 최소화하는 것입니다. 딱 필요한 말만 짧게 하고 무미건조하게 그들을 대합니다. 마치 아무 감정이 없는 돌처럼 말이에요. 그들은 상대가 화내거나 흥분하는 모습을 보며 즐기는 이해할 수 없는 사람들이기 때문에, 당신이 그들 앞에서 별 반응이 없는 지루한 사람이 된다면, 그들은 곧 당신을 포기하고 다른 만만한 상대를 찾아 당신에게서 멀어질 거예요. 심리학에서는 이 방법을 그레이락(Gray Rock)이라고 말합니다.

"성하야, 별일 없었어? 정말 오랜만이야. 잘 지냈어? 요즘 왜 이렇게 연락이 뜸하냐."

"좀 바빴지. (이후 침묵)"

두 번째, 내가 만만한 사람이 아니라는 걸 보여주세요.

"그냥 한 말이야, 왜 그렇게 예민하게 굴어?"라는 말을 들었을 땐 차분하게, "진짜 예민하게 구는 게 어떤 건지 보여줘야 하나…?"라고 아주 간단하게 한 문장만 말합니다. 이때 주의할 것은, 표정 변화가 없어야 한다는 거예요. 별로 신경 쓸 일이 아니며 딱히 관심도 없다는 듯한 표정과 말투로 심드렁하게 말합니다. 감정에 전혀 요동이 없어야 해요. 그러고는 그냥 다른 주제의 이야기로 넘어가거나 자리를 뜨거나, 하던 일을 계속하는 거죠. 무슨 말을 하든 조금도 신경 쓰지 않는다는 걸 보여줍니다. '네가 무슨 말을 해도 나는 전혀 타격받지 않아. 날 공격해봤자 너만 더 민망해질 텐데.'라는 느낌을 무의식으로 전달하는 것입니다. 만일 그 사람으로부터 "너는 농담도 구분 못 하니?"라는 말을 들었다면, 똑같은 방식으로 다음과 같이 말합니다. "농담으로 들려야 농담으로 받아들이지. 말을 왜 그런 식으로 해?"

상대의 말을 반박하는 말로 부딪히는 이 상황이 오히려 더 안 좋은 결과나 싸움으로 발전할까 봐 걱정하시는 분들이 많지만 의외로 그들에게는 효과가 있습니다. 내가 만만한 사람으로 보이지 않도록 하는 것이 아주 중요한 포인트입니다. 상대의 말이 왜 틀렸는지 지적하는 말을 하되, 흥분하거나 소리를 지르는 게 아니라 태연하면서도 단호하게 이야기해야 합니다. 감정을 드러내면 곧 그들이 원하는 대로 싸움으로 이어질 테니까요. 그러고는 별일 아니라

그냥 한 말인데, 뭘 그렇게 예민하게 굴어?

는 듯 곧바로 다른 주제로 넘어가는 것이 중요합니다. 딱히 할 말이 없다면 아무 일 없다는 듯이 그 자리에서 일어나 나가버려도 괜찮습니다. 그리고 일어났던 일에 대해 어떠한 언급도 하지 않습니다. 이들은 지나간 일을 다시 끄집어내 이야기하는 것을 나약한 행동으로 취급하기 때문에, 되도록 과거 이야기는 하지 않는 것이 좋습니다. 만일 나르시시스트가 당신의 말에 불만을 느끼고 지적하려 든다면 다음과 같이 말하면 됩니다.

"뭘 별것도 아닌 걸 가지고 그렇게 신경을 쓰니? 예민하게 굴지 마."

제가 이런 식의 대응을 가르쳐주면 어떤 사람들은 다음과 같이 반응합니다. "우리더러 나르시시스트랑 똑같이 되라는 말인가요? 어떻게 이런 방법을 쓰라고 하죠? 사람들을 다 나르시시스트로 만들 셈인가요?"

똑같은 도구라 하더라도 누구의 손에 들어가느냐에 따라 그 물건의 용도가 완전히 달라진다는 사실을 기억하시기를 바랍니다. 똑같은 칼이 강도의 손에 들려지면 범죄의 도구가 되지만 의사의 손에 들어가면 사람을 살리는 도구가 됩니다. 나르시시스트가 하는 '말' 자체가 악한 것이 아닙니다. 나르시시스트가 그 말을 '악한 의도'로 사용하기에 문제인 거죠. 사람을 살리고 질서를 잡기 위해 사용된다면 그 말은 얼마든지 선한 도구가 될 수 있습니다.

이런 식의 대응을 통해 그들이 당신을 어려운 사람으로 인지했다면, 다음부터는 조심하게 될 거예요. 물론 이후에 좀 더 거리감이 생길 수는 있지만, 당신의 감정을 착취하는 그 사람과 그렇게 친밀하게 관계를 맺어야 할 이유는 없죠. 적당한 선을 유지할 필요가 있어요. 물론 나르시시즘이 매우 강한 사람 앞에서는 이런 대응법들을 사용할 때 좀 더 조심할 필요가 있습니다. 이 책을 끝까지 다 읽어보신 후 이런 사람들의 심리에 익숙해지시면 다양한 상황에 맞게 좀 더 노련하게 대응하게 되실 것입니다.

"아, 얘 진짜 예민하네. 뭘 그렇게 받아들여? 너 계속 그러면 진짜 속 좁아 보여."

"그런 걸 예민하다고 말하다니, 그런 걸 보고 속 좁다고 하는 거야."

"너 되게 건방져 보여. 그거 알아? 그런 태도 너한테 도움 하나도 안돼."

"남한테 그렇게 쉽게 얘기하는 네가 더 건방진 것 같은데?"

"진짜 말 안 통하네."

"그건 네 생각이지. 내가 볼 때 말은 네가 더 안 통한다."

3장

지금 몇 년 차인데 이걸 몰라?

: 이유도 모른 채 직장 선배에게 괴롭힘 당할 때

"이들은 자기 자신을 실제보다 좋은 쪽으로 확대 해석하며 자신감이 넘친다. 남들의 감정에 공감할 필요가 없다고 생각하는데, 왜냐하면 대부분의 사람을 경쟁자라고 판단하기 때문이다. 남들보다 자신이 모든 면에서 뛰어나다고 생각하기에 단체생활에 적응하기 힘들어한다. 사람들의 관심과 칭찬을 필요로 하며 비판에 대해 수용하지 못하고 필요 이상으로 고통스러워한다."

– 케이티 모튼Kati Morton

내가 힘들게 대학 졸업하고 열심히 공부하고 준비해서 이 회사에 들어온 이유가 도대체 뭐였나 싶어요. 과장님은 제가 하는 일마다 다 마음에 들지 않는다는 듯 지적만 하시죠. 제가 무슨 말만 꺼내도 화를 내시는데, 말을 안 하고 조용히 있으면 왜 말이 없냐고 윗사람 무시하는 거냐고 빈정대시는 거예요. 하루하루 버티는 것도 한계가 온 거 같고, 그냥 퇴사하는 게 낫지 않나 싶어요.

과장   정아 씨, 어제 회의록 정리는 다 했어?

정아   네. 작성 중이고, 완료되는 대로 내일 보고드리도록 하겠습니다.

과장   그걸 내일까지 준다고? 오늘 오후에 부장님께 보고해야 하는데, 차질 생기면 정아 씨가 책임질 거야?

정아   오늘 중으로 완료하라고 말씀하신 적이 없었는데…

과장   정아 씨, 지금 몇 년 차야? 그걸 꼭 말을 해야 알아? 회사가 어떻게 돌아가는지 아직도 감이 없어?

정아   아, 네. 지금 바로 최대한 빨리 정리하면 오늘 오후까지 보고드릴 수 있을 수 있을 것 같습니다.

과장   그러면 지금 하던 일은 어떡하려고? 그것도 미루려고? 사람이 왜 이렇게 답답해!

정아 씨는 과장님 앞에만 가면 숨이 막힙니다. 입사 후 초기에는 그저 '성격이 조금 급하고, 다혈질이구나'라고 여기며 넘어갈 수 있었어요. 그런데 갈수록 트집과 지적이 점점 더 심해져 이제는 못 견딜 정도가 된 거죠. 잘못이 없는데도 억울하게 비난당할 때가 많았고, 정아 씨는 그때마다 자기 잘못이 아니라고 해명하려 노력해 왔지만, 과장님은 말을 끝까지 듣지도 않았습니다. 정아 씨의 말을 곡해하며 금세 성난 얼굴로 폭언을 쏟아냈어요. 그뿐만 아니라 정말 이해할 수 없는 것은, 그렇게 화를 내고 나서는 아무 일 없었다는 듯이 곧바로 친한 척을 한다는 겁니다. 그리고 퇴근 이후 시간이나 주말에도 회식이니 등산이니 하는 이유로 불러내는 거예요. 정아 씨는 모든 것이 혼란스럽습니다. 이제 과장님에게 대항할 힘도 없고, 자신을 스스로 변호할 여력도 없다고 한탄합니다.

위계질서를 남용하는 사람들

'MZ세대'라는 단어를 들으면 어떤 생각이 드시나요? 〈SNL MZ오피스〉라는 프로그램을 통해 본 그들의 모습은 참 유쾌하고 즐겁습니다. 상사의 지적에도 아이팟을 절대 빼지 않는 신입직원, 회사에서 V-LOG를 찍거나, 입사한 지 4시간 만에 문자로 퇴사 통보를 하는 인턴 직원들의 모습에 참 황당하면서도 웃음을 참을 수 없었죠. 주저 없이 당당하게 자신의 의견을 말하고, 부당한 대우 앞에서는 조금도 참지 않는 당돌한 모습이 참 인상적이었어요.

하지만 많은 사람들은 말합니다. 이런 장면들은 TV에서

나 나올 뿐, 현실에서는 찾아보기 힘든 모습이라고. 아무리 시대가 변했고 인식이 달라졌다 하더라도 직장 대부분에서는 엄연히 위계질서가 존재한다고. 많은 사람들은 여전히 윗사람 앞에서는 하고 싶은 말을 다 하지 못하고, 자신에게 가해지는 부당함에 대해 입을 다물고 살아갑니다.

사실 위계질서 자체가 나쁜 것은 아닙니다. 위계질서는 조직 관리의 효율을 높여주는 체계라고 볼 수 있어요. 성과나 헌신도가 높은 사람에게 더 많은 권리와 책임을 안겨주어 일에 보람을 느낄 수 있도록 만들어 주기도 하죠. 10여 년간 성실하게 일해온 직원과 엊그제 새로 들어와 일에 능숙하지 못한 신입사원에게 똑같은 일을 맡기고 똑같은 책임을 묻는다면, 사람들은 그 회사를 오히려 더 부당하게 여기고 싫어할 것입니다. 위계질서는 일의 효율성을 위해 자연스럽게 생겨날 수밖에 없어요. 그런데 그 안에서 부하직원을 대하는 고압적인 태도와 부당한 업무지시 방식 때문에 사람들에게 부정적인 인상을 주는 겁니다. 위계질서를 '어떻게 활용하느냐'가 중요한 문제지, 위계질서 자체를 문제시할 필요는 없다는 거죠.

　나르시시스트들은 위계질서를 아주 부당하게 이용하는 자들이라 할 수 있습니다. 자신에게 부여된 권리와 책임을 남용하는 사람들이에요. 상사로서 직원들을 관리하는 것, 직원들이 잘못하면 질책하는 것은 맡겨진 책무이지만, 나르시시스트들은 이러한 책무를 남용해 쓸데없는 부분을 간섭하고 이치에 맞지 않게 질책하며 부당하게 대우함으로써 주변의 만만한 사람들을 착취합니다.

　물론 사람들을 조금 불편하게 만들었다고 해서 모두 다 '나르시시스트'라고 규정하고 비난할 수는 없을 거예요. 정당한 질책을 괴롭힘이라고 말해선 안 될 것입니다. 부하직원의 실수나 태만에 대해 적절히 지적하고 책임을 묻는 것은 괴롭힘이라고 할 수 없어요. 나르시시스트들의 괴롭힘은 상사로서의 정당한 질책과는 거리가 멉니다. 이들은 상대를 굴복시키고 자기 뜻대로 조종하기 편하게 만들기 위해, 상대를 교묘하게 가스라이팅하고 반복적으로 괴롭힙니다. 부하직원들이 실제로 잘못했는지 안 했는지는 상관이 없습니다. 업무성과나 태도와 상관없이 어떻게든 꼬투리를 잡아 휘두르려 하죠.

아랫사람에게 '대장질'하기 위해 직장에 다닌다

그렇다면 나르시시스트들이 만만한 타깃을 어떤 식으로 괴롭히는지, 그 양상을 좀 더 자세히 살펴보도록 하겠습니다. 직장뿐 아니라 학교나 여러 단체 혹은 가정 등에서 여러분이 만일 지속적인 괴롭힘을 당해 본 경험이 있으시다면, 그 기억을 디듬어 가며 읽어보셨으면 합니다. 그동안 말로 표현할 수 없었던 억울함의 실체가 언어를 통해 드러나는 것을 보며, 묵은 감정이 어느 정도 해결되는 듯한 느낌을 받게 될 거예요.

첫 번째, 잘 못해서가 아니라 잘해서 문제입니다.

이들로부터 괴롭힘의 대상이 되는 사람들은 사실 불성실하거나 능력이 부족한 사람이 아닙니다. 오히려 신중하고 실수가 없고, 열심히 하려 노력하는 사람들이 그들의 타깃이 되는 경우가 많습니다. 신중하고 실수가 없는 뛰어난 사람들은 회사 내에서 이들의 자리를 위협하거나 경쟁자가 될 가능성이 있거든요. 이들은 회사의 흥망성쇠보다 남들 앞에서의 자신의 입지, 체면이 훨씬 중요한 사람들입니다. '내가 너의 상사이고, 너는 나를 위협하거나 뛰어넘어서는 안 되는 존재다. 나에게 복종해야 하는 사람이야.'라는 인식을 심어주기 위해서 죄 없는 사람을 괴롭히려 듭니다.

차분하고 성실히 노력하는 당신의 모습을 오히려 결점으로 몰아붙이고, 자신의 괴롭힘을 강하고 결단력 있는 상사의 카리스마처럼 포장합니다. 비난을 위한 비난, 깎아내리기 위한 깎아내리기로 상대의 기를 죽이고 사기를 떨어뜨려요. 또한 일부러 잘못된 정보를 줘서 실수하게 만들고는 그 실수를 빌미 삼아 또다시 비난하고 깎아내립니다. 그런 식으로 상대방이 열등하다는 것을 증명하려 들죠. 성실하고 신중한 사람들은 보통 남을 탓하기보다 스스로를 점검하는 것에 더 익숙합니다. 그러므로 부당한 비난까지도 자신을 향한 건설적인 비판으로 받아들이고 자책하는 경향이 있어요. 따라서 이런 사람들은 나르시시스트들이 먹잇감으로 삼기 딱 좋다고 볼 수 있습니다.

"왜 이렇게 늦어? 당연히 오늘까지 처리해 놨어야지. 내가 언제 내일까지라고 했어?"
"죄송합니다. 제가 센스가 없었습니다."

"지금 몇 년 차인데 이런 걸 알려줘야 하는 거야? 사람이 융통성이 있어야지."
"…죄송합니다."

두 번째, 악의적으로 괴롭힘을 지속해 반복합니다.

나르시시스트의 괴롭힘은 절대 한두 번에서 끝나지 않습니다. 지속해서 고질적으로, 병적으로 반복되죠. 잠시 잠깐만 일어났다가 사라지는 일이라면 우리가 잠시 인내하고 견디는 것으로 충분히 넘어갈 수 있겠지만, 이들의 괴롭힘은 정말 끝도 없이 반복되고, 또 그 괴롭힘의 정도가 갈수록 점점 더 심각해집니다. 괴롭힘이 한두 번도 아니고 반복해서 일어나는데 왜 그렇게 몇 번이고 계속 당하고 있냐고요? 그것은 바로 이들이 하는 '가스라이팅' 때문에 그렇습니다. 가해자가 자기 잘못을 피해자에게 덮어씌우면서, 피해자에게 문제의 원인이 있다고 주장하고 믿게 하는 거죠. 나르시시스트는 부당한 대우나 차별적인 지시를 하면서도 직원 스스로가 그것을 자초했다고 믿게 만듭니다. 일부러 해낼 수 없는 일을 맡긴다거나, 아까도 말씀드렸듯이 거짓 정보를 전달해서 오해하고 실수하게 만들어 그 사람이 원래 무능한 사람임을 입증하려 들어요. 그리고 회의 시간에 많은 사람들 앞에서 일부러 콕 집어서 면박을 주죠. '원래부터 이렇게 문제 있는 사람이니 내가 이 사람을

지금 몇 년 차인데 이걸 몰라?

자꾸 지적하고 질책할 수밖에 없다'라는 인식을 사람들에게 심어주는 겁니다. 그런 식으로 사람들 앞에서 자기 행동을 합리화시켜 가며 계속해서 괴롭힘을 이어 나가죠.

"저거 봐, 저러니 내가 믿고 일을 시키겠냐고."
"아니 좀 알아서 할 수 없어? 내가 하나하나 손을 대야 겨우 일이 돌아가니, 원!"

세 번째, 사생활이 매번 침범당합니다.

한때 '가족 같은 회사'라는 말이 유행하던 시기가 있었죠. 지금은 많은 사람들이 이 표현을 그다지 긍정적으로 받아들이지 않지만, 한때는 이 '가족 같은 회사'를 바람직한 회사 문화로 지향하던 분위기가 있었어요. 실제로 가족은 아니지만, 가족처럼 친밀하고 화목한 회사를 원했기에 생겨난 말이 아닌가 싶습니다. 그런데 어쩌나, 나르시시스트들은 가족처럼 친밀한 관계를 빙자해 사생활을 침범하는 일이 빈번합니다. 따라서 주변에 '가족 같은 회사'라는 표현을 좋아하는 사람이 있다면 잘 관찰해 보세요. 자신이 가족처럼 따뜻하게 배려해 주겠다는 의미일 수도 있지만, 상대방과의 경계를 허물어 사생활까지 간섭하겠다는 의미일 수도 있으니까요.

　직장 안의 나르시시스트들은 친밀한 관계를 강조하며 상대방의 일거수일투족을 간섭하는 경향이 있습니다. 개인의 건강 문제 혹은 가정의 대소사, 연애 문제 같은 사적인 부분까지 궁금해하고 불필요한 정보를 캐묻습니다. 그렇게 얻은 정보들은 이후 그 사람을 휘두르고 조종하기 위한 이용 도구가 되죠. 상대방의 어떤 부분을 건드리면 상처받을지에 대한 힌트들을 잘 기억해 두었다가, 나중에 이를 약점 삼아 상대방을 괴롭힙니다. 따라서 평소에 정말 신뢰할 만한 사람이 아니라면 우리의 약점이 될 만한 정보는 그 누구에게도 말하지 않는 것이 좋겠죠. 특히 나의 아픈 과거, 슬픈 기억, 실수하고 실패해서 힘들었던 이야기 등은 장기간 좋은 관계를 맺어온 믿을 만한 사람에게만 터

놓는 것이 좋습니다.

"저번에 만났다던 그 사람은 어떻게 됐어? 헤어졌다고
했나?"
"우리가 남도 아니고, 이 정도는 해줄 수 있잖아?"
"주말에 시간 비워둬. 이것도 업무의 연장이라고."

만만한 상대를 희생양Scapegoat으로 삼고 괴롭힌다

나르시시스트들에게 괴롭힘에 대해 논할 때는, 희생양
Scapegoat이라는 개념을 반드시 짚고 넘어갈 필요가 있습니
다. 이들은 자신이 타깃으로 삼은 만만한 사람(들)만 자신
의 희생양Scapegoat으로 삼아 괴롭힙니다. 그 희생양 앞에서
만 자기 가면을 벗고 추악한 본심을 드러내죠. 그 사람을
필요 이상으로 지적하고 비난하고 깎아내리며, 문제가 생
길 때마다 잘못을 덮어씌우고 비난하고 책임을 전가하는

식으로 괴롭힙니다. 그러면서 다른 사람들 앞에서 웬만해서는 자기 가면을 벗지 않아요. 희생양 이외의 다른 사람들 앞에서는 자신의 음흉한 모습을 절대 들키지 않죠. 따라서 희생양이 되어 직접 피해를 당하고 있는 당사자가 아닌 이상은 나르시시스트의 본모습을 알기가 너무도 어렵습니다. 쉽게 말해, 다른 모든 사람들 앞에서는 너무 좋고 훌륭한 사람이, 희생양이 된 그 사람 앞에서만 사악한 가해자로 돌변하는 것이죠.

나르시시스트로부터 만만한 상대로 찍힌 이 희생양에게는 중요한 역할이 하나 있습니다. 집단의 수치심을 조절하는 것인데, 바로 집단 내에서 누군가의 무능이나 실수로 발생하는 문제에 대한 책임을 무조건 이 희생양에게 돌리는 것입니다. 부정적인 일이 조금이라도 발생하면 모든 비난의 화살이 그 사람에게로 향하게 되는 거예요. 그렇게 되면 나머지 다른 사람들을 향한 비난을 막을 수 있게 되고, 희생양인 그 사람만 입 다물고 조용히 있으면 더 이상 문제를 문제로 볼 필요가 없게 되죠. 더 이상 문제를 논할 필요가 없어지기 때문에 마치 문제가 완전히 해결된 것처럼 보이고, 문제를 저지른 나르시시스트 또한 여전히 유능한 이미지를 유지할 수 있게 됩니다. 한 사람에게 책임을 덮어씌워 억울하게 만드는 식으로 문제를 덮어버리다니, 너무나도 비열한 발상이 아닐 수 없습니다. 하지만 남들의 고통 따위는 문제 삼지 않는 그들에게는 이보다 더 효과적인 방법이 없습니다. 너무도 손쉽게 자신의 무능이나 실수를 감추면서 동시에 집단의 갈등을 줄일 수 있으니까요.

자신의 무능이나 실수로 인해 지금껏 쌓아왔던 평판과 평가가 무너지는 건 나르시시스트에게 무엇보다 두려운 일입니다. 또한 자신이 맡고 있는 집단에 문제가 생겨 책임자로서의 이미지가 훼손되는 것 또한 이들에게는 굉장히 무서운 일이에요. 그래서 이들에게는 늘 희생양이라는 존재가 간절히 필요합니다. 늘 비난하고 괴롭히고 핍박하면서도 그 사람(희생양)의 퇴사를 어떻게든 막으려 드는 모순적인 행동을 하는 이유가 바로 여기에 있죠.

쉽게 흔들리는 사람이 아님을 보여주세요

"당신의 상사가 나르시시스트라면 방법이 없어요. 그들은 바뀌지 않습니다. 그러니 퇴사만이 답입니다."라는 무책임한 말을 건네고 싶지는 않습니다. 힘들게 애써서 겨우들어간 회사를, 더욱이 경제적으로 어려운 상황에 부닥쳐 있다면 그만두기는 정말 쉽지 않거든요. 물론 회사를 그만두는 것이 최선일 때도 있습니다. 생명이 왔다 갔다 할 정도로 심각한 상황이라면 어떻게든 그곳으로부터 빨리 벗어나야 해요.

그런데 그 정도로 심각한 경우가 아니라면, 좀 더 생각해 볼 필요가 있습니다. 새로운 직장을 찾기가 쉬운 일도 아니고, 지금까지 이룬 업적과 성과를 모두 뒤로한 채 떠나기엔 그동안의 노력과 헌신이 너무 아까우니까요. 또 회사를 떠난다고 해서 그런 사람을 다시 만나지 않을 거란 보장도 없습니다. 안타깝게도, 그들은 세상 어디에서든 만날 수 있습니다. 물론 나르시시즘이 아주 강한가 조금 강한가 정도의 차이는 있을 거예요. 어찌 됐든 주변에서 나르시시즘이 강해 보이는 사람들을 만나기란 그렇게 어려운 일이 아닙니다. 따라서 우리는 싫든 좋든 그들과 공존하는 법을 알아둘 필요가 있어요. 그들과 친밀하게 지낼 필요는 없지만, 그들과 문제없이 지낼 필요는 있습니다.

그렇다면 어떻게 그들과 공존하면서도 나 자신을 지키고 보호할 수 있을까요? 합당한 이유 없이 자꾸만 괴롭히고 구박하는 직장 상사 앞에서 우리가 기억하고 실천할 수 있을 만한 세 가지 방법을 알려드리겠습니다.

첫 번째, 침착하고 태연한 모습을 보이세요.

최대한 감정은 절제하셔야 합니다. 감정적으로 부르르

떨며 흥분하거나, 울거나, 이성을 잃고 화를 내는 등의 모습을 보이면 안 됩니다. 나르시시스트들은 감정적으로 전혀 요동하지 않고 태연한 모습을 보이는 것을 강자의 모습이라고 생각하고 좀 더 존중하려 합니다. 그리고 자기 입장을 길고 장황하게 설명하거나 기어들어 가는 듯한 작은 목소리로 말해도 무시당하기 쉽습니다. 말은 핵심만 최대한 짧게, 그리고 적당히 큰 목소리로 단호하게 말하세요. 그렇게 하면 그들은 당신을 함부로 통제하기 어려운 사람이라 생각할 겁니다.

'저 사람은 내가 흔든다고 해서 쉽게 흔들리는 사람이 아니구나.'라고 느끼게 될 거예요. 물론 직장 상사 앞에서 너무 단답형으로 대답하거나 예의 없는 말투를 쓰는 것은 또 다른 공격의 빌미를 주는 일이 돼버리기 때문에, 상황에 맞게 적절하고 유연하게 대처할 수 있어야 합니다. 무례하지 않게 예의를 갖추되 감정을 제어하고 단호함을 견지함으로써, 당신이 쉽게 흔들리는 사람이 아니라는 것을 보여줄 수 있으면 됩니다.

두 번째, 맡은 일에 최선을 다하고, 모든 일은 문서로 남겨 둡니다.

인사과는 늘 회사 편이라는 걸 기억하셔야 해요. 나중에 혹시라도 회사가 나르시시스트와 나 둘 중 한 명을 택해야 할 상황이 온다면 나를 택할 수 있도록, 회사 입장에서 봤을 때 유용한 사람이 되어야 합니다. 사실 회사는 수많은 사람의 생계가 달려있죠. 여러 사람을 먹여 살리는 곳이라 이미 굉장히 바쁘게 돌아가고 있습니다. 그래서 회사 안의 그 누구도 새로운 일에 신경 쓸 여유가 별로 없어요. 따라서 내가 회사에 얼마나 유용한 사람인지를 평소에 실력으로 증명해 놓는 것이 회사 쪽에서 옳은 선택을 할 수 있도록 돕는 길이 될 수 있습니다.

또한 여러분이 부당하게 대우받았음을 입증할 수 있는 모든 대화나 서류들을 세심하게 기록해 놓으셔야 합니다.

나르시시스트는 자신이 방금 한 행동도 안 했다고 뻔뻔하게 거짓말하는 사람들입니다. 따라서 그들의 말이 거짓임을 객관적인 증거를 통해 증명해야 할 때가 분명히 올 거예요. 그리고 혹시 나중에라도 법적으로 대응할 일이 생길 수 있으므로 평소에 자료들을 모아놓는 것이 좋습니다. 모욕이나 욕설을 녹음하고 장소와 시간, 그 자리에 있었던 사람들 이름까지 다 기록해 놓으세요. 나르시시스트와 주고받은 문자나 통화 내용, 보고했던 서류의 사본 등 무엇이든 증거가 될 만한 것들을 다 확보해야 합니다. 있었던 일들을 모두 자세히 메모하되, 회사 컴퓨터가 아닌 개인 노트나 집에 있는 컴퓨터에 일지를 쓰시는 게 좋겠죠. 회사에서 접근할 수 없게 해야 하니까요. 권력 남용과 과도한 착취의 증거들을 전부 모아놓는 것이 혹시 모를 일에 대비하는 좋은 방법이 될 겁니다.

세 번째, 전략적으로 칭찬합니다.

아첨이나 아부하라는 말은 아닙니다. 그들이 얼마나 인

정받는 것에 목숨을 걸고 또 거기에 휘둘리는지를 알고 그 성향을 이용하여 자신을 보호하라는 의미입니다. 그들은 인정욕구의 화신이에요. 자신의 존재감을 드러낼 수 있는 일이라면 무엇이든 마다하지 않죠. 거래처와의 계약, 실적처럼 확실하게 인정받을 수 있는 사안을 누구보다 먼저 나서서 칭찬해 주세요. 너무 과하지 않게, 부풀리거나 과장하지도 말고, 간단하고 확실하게 칭찬합니다. 그렇게 하면 그들은 당신을 자신의 인정욕구를 만족시켜 주는 사람, 즉 자기 편이라고 생각하기 시작해요. 따라서 당신을 자신의 타깃으로 삼는 것을 주저하게 됩니다. 이렇듯 문제를 최소화할 수 있는 유용한 방법을 아는 것은 중요합니다. 결국 어떻게든 우리는 계속 사회생활을 해나가야 하기 때문이죠.

"과장님. 이번 계약 축하드립니다. 부장님도 기분이 좋으신지 사무실 분위기가 밝습니다."

"아 그래? 오늘 내가 커피 한잔 사야겠네."

4장

너 때문에 내가 창피해서, 원

: 자녀를 자기 멋대로 판단하고 깎아내리는 부모

"나르시시스트의 조종을 받는 사람들은 '자신의 인생을 살 자유, 결정을 하고 때론 실수를 저지를 자유, 자신의 재능과 에너지를 사용하고, 자신만의 꿈을 가질 자유'를 누리지 못한다. 이들이 존재하는 유일한 목적은 나르시시스트의 웅장한 비전이 충족되는 것을 도와주는 것이다."

- 린다 마르티네즈 루이Linda Martinez-Lewi

수환 씨는 IT업계 중소기업에서 일하고 있습니다. 보안 관련 플랫폼을 개발 중인데, 이 회사는 지난 7년 동안 매년 흑자를 기록해 왔으며 안정된 사업 운영으로 인해 직원들 모두가 중소기업치고 꽤 높은 연봉을 받고 있죠. 수환 씨는 자기 일에 자부심을 느끼고 늘 열심히 일하고 있습니다. 그러나 아버지를 만날 때면 자존감이 땅바닥으로 떨어지는 경험을 반복했습니다. 아버지가 알고 있는 대단한 회사, 유명한 회사에 들어가지 못했기 때문이에요. 듣지도 보지도 못한 그따위 작은 회사, 언제 망할지도 모를 이름도 없는 회사에 다닐 바엔, 차라리 공무원을 하라고 말씀하시며 늘 못마땅해하십니다.

아버지   너 요즘 뭐 하고 다니는 거냐? 공무원 시험공부 준비는 하고 있어?

수환   아버지, 저는 지금 제 일이 좋아요. 이미 직장이 있는데 굳이 그만두고 공무원이 될 필요가 있는지 모르겠습니다.

아버지   쯧쯧, 저렇게 제멋대로니, 원. 너 때문에 내가 동네 창
피해서 고개를 못 들고 다닌다. 직장이 직장 같아야 말
이지. 그래도 사람 취급이라도 받으려면 얼른 공무원
시험 준비하거라.

수환   ….

아버지   그리고 다음 주에 네 동생 면회하러 가려고 하니, 시간
비워둬라.

수환   다음 주에 회사에 일정이 있어서… 어렵습니다. 그리
고 제가 알기로는 다음 달에 지환이(동생)가 휴가 나온
다고…

아버지   잔말 말고 다음 주에 가게 시간 비워둬! 그깟 대단치도
않은 회사 다니면서 유세는.. 형이 돼서 동생 면회 가
는 게 그렇게 힘이 들어? 정말 너는 어릴 때부터 마음
에 드는 구석이 하나도 없구나.

수환 씨는 이런 아버지가 너무도 답답합니다. 직장에 대해서, 또 자기 생각에 대해 아무리 잘 설명해 드리고 이해를 시켜 드리려 해도 아버지는 그 말을 전혀 존중해 주지 않습니다. 나이 서른이 넘어서까지 아버지로부터 무시당하고 있다는 현실에 어이가 없고 화가 나기도 하지만, 아버지 앞에만 가면 수환 씨는 아무 말도 할 수가 없습니다. 아직도 아버지가 너무 두렵고 무서워서 말 한마디 하는 데에 너무도 많은 에너지가 소모되기 때문입니다. 다 큰 어른이 아버지를 그렇게까지 무서워하다니, 사정을 잘 모르는 사람들은 좀 이상하다고 생각할 수도 있을 거예요. 그렇다면 수환 씨의 어린 시절, 아버지와의 관계가 어떠했는지 한 번 살펴보겠습니다.

수환 씨가 아주 어릴 적부터 아버지는 단 한 번도 수환 씨에게 칭찬을 해준 적이 없습니다. 학교에서 상장을 받아오고 시험에서 만점을 받아도 한 번도 칭찬을 받아본 적이 없어요. 아버지는 수환 씨가 무슨 짓을 해도 늘 관심이 없어 보였습니다. 그런데 이해할 수 없는 것은, 만일 수환 씨가 남들 눈에 조금이라도 거슬릴 만한 일을 하면 정말 가혹할 정도로 혼이 났다는 것입니다. 남의 집 담장에 낙서하거나 동네 아이와 싸우거나 하는 등 아버지의 위신에 흠이 될 만한 일들에 대해서는 절대로 그냥 지나가지 않으셨죠. 무자비하게 혼을 내셨어요. 그래서인지 수환 씨는 지금까지, '아버지의 평판에 흠집을 내는 것'을 세상에서 가장 큰 죄라고 생각하며 살아왔습니다.

그런데 아이러니하게도, 수환 씨에게 이토록 무정했던 아버지는 사실 알고 보면 동네에서는 소문난 '좋은' 사람이었습니다. 사람들은 종종 수환 씨에게, 그런 아버지를 둔 게 부럽다고 말할 정도였죠. 남들 앞에서는 너무나 좋은 사람, 좋은 아버지, 좋은 남편이었던 아버지는 이상하게도, 오직 수환 씨 앞에서만 완전히 다른 모습이었습니다. 늘 화가 나 있는 사람, 언제 분노가 폭발할지 모르는 사람, 모든 것을 자기 뜻대로만 하려 드는 사람, 실수나 실패를 절대 용납하지 않는 무자비하고 냉혹한 사람. 언젠가부터 수환 씨는 아버지로부터 좀 더 멀어져야겠다고 생각하기 시작했습니다. 아버지 본인 삶의 태도를 그대로 물려받고 싶지 않았기 때문이죠.

사랑받기 위해 가면을 쓰는 아이들

수환 씨의 아버지는 나르시시즘이 강한 부모님 밑에서 평생 자기 생각과 감정을 억압받고 살아왔을 가능성이 큽니다. 나르시시스트들이 타인에게 공감하지 못하고 죄의식을 느끼지 못하는 것은 그 부모의 냉정하고 고압적인 태도에 기인하는 경우가 많거든요. 수환 씨의 아버지는 자기 생각을 존중받아 본 적이 없기에, 본인 역시 자기 생각을 완전히 무시한 채 남들의 인정만을 갈구하는 삶을 살아왔을 수 있습니다. 애정과 존중이 아닌 일방적인 강압이 주를 이루는 부모의 태도에 영향을 받아 그런 삶을 살고 있을 가능성이 분명히 있어요. 그렇지만 다행히도 수환 씨는 이러한 아버지의 태도에 대해 뭔가 잘못된 점이 있음을 인지하고 있죠. 그리고 아버지의 영향에서 벗어나 자신을 보호하고 싶어 합니다.

사실 이런 환경에 놓인 자녀는 부모에게 극단적인 양가감정을 가지고 자라날 수밖에 없습니다. 자신을 무시하고 고압적인 태도로 일관하는 부모를 크게 원망하면서도, 한편으로는 그만큼 애정과 관심을 갈망하게 되죠. 따라서 커가면서 어떻게든 부모의 마음에 들기 위해 여러 가지 역할을 연기하게 됩니다.

"네. 저는 괜찮아요."

"혼자 있어도 아무렇지도 않아요."

"다음에는 더 잘할게요."

부모에게 사랑받기 위해서 슬픔이나 불안 같은 부정적인 감정들은 최대한 숨기고, 자신이 진짜로 무엇을 원하는지에 관해 이야기하지 않는 거예요. 그저 말 잘 듣는 '착한 아이'를 연기할 뿐이죠. 그리고 이게 원래 자기 모습이라고, 자신은 충분히 괜찮다고 말합니다. 철저하게 가면을 쓰고 행복을 연기하면서 남들은 물론 자기 자신에게조차 거짓말하는 것에 점점 더 익숙해집니다. 자신의 삶을 사는 게 아니라, 삶을 연기해 내는 거예요. 그러면서 자신도 모르는 사이, 억압된 감정은 불만이 되고 분노가 되어 내면에 쌓이게 되죠. 그 감정을 표출하지 못한 만큼, 딱 그만큼 이유 모를 짜증과 화가 삶을 뒤덮습니다. 그리하여 부모의 그늘을 벗어날 때쯤이면, 그 사람의 마음속은 세상을 향한 알 수 없는 분노로 가득해지는 거예요.

'나를 사랑한다는 말은 모두 거짓말이었어!'

'날 사랑하는 게 아니라 나를 이용하는 거였다고!'

'왜 나를 있는 그대로 존중하지 않는 거야?'

'너희들이 나를 이용 도구로 대한다면 나도 너희들을 철저히 이용하겠어.'

이렇듯 긴 시간 마음속에 쌓여온 분노는 이후 '타인에 대한 이유 없는 증오와 적개심'이라는 양상으로 나타납니다. 나 이외의 모든 세상에 대하여 증오와 적개심을 품게 되는 거죠. 세상에 존재하는 모든 것들, 심지어 자기 연인이나 배우자, 자녀에게까지도 말이에요. 이들은 자기의 비정상적인 내면에 너무도 오랜 기간 익숙해져 있어서, 스스로 문제를 의식할 수도 없고 제어조차 할 수 없습니다. 어린 시절 자기 모습에서 한 발짝도 벗어나지 못한 채 사람들을 '이용 도구' 정도로만 판단하는 거죠.

만약 당신이 과거에 이러한 어린 시절을 겪었다면, 알

너 때문에 내가 창피해서, 원

수 없는 분노와 불안을 속으로만 삼키며 살아왔다면, 우선
은 과거의 '나'와 결별해야 합니다. 당신이 과거에 계속해
서 얽매여 있으면서 그저 무의식적으로 이유 없는 분노를
밖으로 터뜨리기만 한다면, 당신의 인생은 결국 불행해질
수밖에 없어요. 그리고 당신의 자녀에게까지 영향을 미쳐
자녀들 또한 당신과 똑같은 감정을 안고 살 위험이 있습니
다. 우리 중 그 누구도, 다른 사람을 자신의 이용 도구로 삼
아선 안 됩니다. 내 안에 가득 들어차 있는 불행의 감정을
넘겨받아 '감정 쓰레기통'으로 살아가도 될 사람은 세상에
아무도 없습니다.

커가면서 가해자 혹은 피해자가 되는 아이들

　부모의 욕구를 만족시키도록 강요당하며 이용 도구와
도 같은 삶을 살아온 자녀는 성인이 되어서도 삶의 태도
를 변화시키기 쉽지 않습니다. 여전히 부모의 말과 행동

이 자기 삶의 기준이 되어버리는 것이죠. '부모를 만족시키는 것'을 자신이 하는 모든 말과 행동과 선택의 기준으로 삼고 살아갑니다. 이들은 부모가 자신에게 실망하거나 화를 내는 것을 세상에서 가장 두려운 일로 여겨요. 오직 부모가 원하는 삶만 살아왔기에, 어른이 되어서도 부모의 뜻이 아닌 다른 선택은 하지 못합니다. 간혹 부모의 의지와 다른 것을 선택하고 결정하려 시도해 볼 때도 있지만 매번 무산되는 경우가 많아요. 곁에서 그 모습을 지켜보던 부모가 득달같이 달려들어 방해하기 때문입니다. 나르시시스트 부모는 자녀가 자신만의 생각으로 독특한 선택을 하도록 내버려 두지 않습니다.

안타깝게도, 수환 씨뿐 아니라 이러한 일을 겪는 많은 사람들은 그 삶의 태도가 사회생활에까지 이어질 수 있습니다. 부모에게 순종하고 불만을 제기해 본 적 없는 사람들은 타인에게도 같은 태도로 일관하는 경향이 있거든요. 이들은 타인과의 아주 작은 갈등도 싫어하고 조그만 불협

너 때문에 내가 창피해서, 원

화음도 피하려고 해요. 갈등을 피하기 위해 자신의 욕구를 스스로 억압하고 상대방의 욕구부터 맞춰주는 게 몸에 습관처럼 배어버립니다. 이렇게 자기 생각과 감정을 필요 이상으로 제어하고 남에게 모든 것을 맞춰주는 사람들은 자기 부모와 같은 성향의 사람들, 즉 '나르시시스트'들의 좋은 타깃이 되죠. 끌고 다니며 휘두르기 좋은 먹잇감이 되는 거예요.

또한 나르시시스트 부모 아래에서 자란 자녀 중에는 자라면서 부모와 같은 성향의 사람이 되는 예도 있습니다. 피해자가 아닌 가해자가 되어, 자신이 받지 못한 사랑과 관심을 다른 사람들로부터 착취하려 드는 겁니다. 부모와의 관계에서 있었던 문제를 제대로 풀지 못한 채 결핍된 감정을 다른 사람과의 관계에서 채우려 드는 거죠. 부모에게 받지 못했던 관심과 사랑, 존중과 배려를 다른 곳에서 비뚤어진 방식으로 받아내려 합니다. 특히 자기 자녀 앞에서 이런 문제가 드러날 때가 종종 있는데요, 부모가 자신에게 행했던 것과 똑같은 방식으로 자녀를 대하는 거예요. 무의식적으로 부모가 했던 행동을 똑같이 반복하는 겁니다.

그렇다면 부모와 똑같이 행동하면서, 그러한 자기 모습을 인지하고 있을까요? 인지하는 경우도 있지만, 인지하지 못하는 경우도 많습니다. 그리고 인지하고 있더라도, 부모와 똑같은 행동을 하고 있는 자기 모습에 크게 실망하면서도, 그러면서도 어쩔 수 없다고 생각하기도 하죠. 어디서부터 어떻게 바꿔야 할지도 모르고, 자신을 제어하기가 너무 힘들기 때문에 바뀔 가능성이 없어 보이거든요. 이런 경우 적절한 지식과 훈련이 없이 자기 자신만의 생각과 노력만으로는 극복하기가 힘듭니다. 실력 있는 전문가의 도움을 받고 자신을 변화시키려 고군분투하는 기나긴 과정을 겪어야만 극복할 수 있죠. 어린 시절 부모와의 관계를 되짚어 보며 자신에게 어떤 결핍이 있는지를 인지하고 훈련 과정을 잘 거쳐 새로운 좋은 습관들을 길러낸다면, 부

너 때문에 내가 창피해서, 원

모와 완전히 다른 삶을 살 수 있습니다.

부디 좋은 어른이 되어주세요

　베스트셀러 작가이자 정신과 의사인 스캇 펙은 《스캇 펙의 거짓의 사람들》에서 다음과 같이 말합니다.

　"대부분의 어린아이들이 하나부터 열까지 놀랄 만큼 나르시시즘적 특성을 보인다는 점을 생각할 때, 우리는 나르시시즘이란 부모의 충분한 사랑과 이해를 받으며 건강한 어린 시절을 보내는 동안 정상적인 발달 과정을 통해, 즉 '크면서 벗어 버리게 되는' 일반적인 현상이라고 가정할 수 있다. 그러나 만약 부모가 난폭하고 사랑이 없거나 아이가 다른 충격적인 경험을 했다면, 유아기의 나르시시즘은 참기 어려운 인생의 고뇌들에 대하여 자신을 보호하기 위한 일종의 심리적 요새가 되어 그대로 남아 있게 될 것이다."

아이가 유년기 초반의 나르시시즘에서 벗어나기 위해서는 어른의 도움이 필요합니다. 아이들은 위대함에 대한 유아적인 생각을 하고 있죠. 망토를 두르고 옥상에서 뛰어내리면 슈퍼맨처럼 날 수 있을 거라고 생각해요. '내가 망토를 두른다고 해서 날 수 있는 게 아니구나.'라며, 현실을 제대로 인식하기까지는 시간이 꽤 걸립니다. 아이는 크면서 여러 가지 경험을 통해 이러한 전능함이나 위대함에 대한 유아적인 생각이 쪼그라들게 되는데, 그러면서 일종의 수치심이 찾아온다고 해요. 이때 부모는 아이가 이 수치심을 잘 제어할 수 있도록 곁에서 적절히 도움을 주어야 합니다.

"그렇게 실망할 필요 없어. 너만 그런 게 아니니까. 엄마도 그런 걸 경험한 적이 있단다."라는 말로 토닥여 줄 때 아이는 부끄러움 없이 진실을 받아들일 수 있는 현실 감각이 생깁니다. 부모는 옳고 진실하고 중요하다고 생각하는 것에 대해 늘 아이에게 올바른 피드백을 주면서 아이가 성숙할 때까지 잘 기다려 줘야 해요. 또한 아이에게는 자기 통제력이 있고 언행이 일치하는 부모가 필요합니다. 시시비비를 가르치는 데에서 그치지 않고 아이가 존경할 만한 모범을 보이는 부모가 필요합니다. 말이 아닌 행동으로 보여줘야 한다는 것이죠. 물론 완벽한 부모는 없습니다. 그러나 자신이 한 말을 지키려 '노력하는' 모습을 직접 보여주는 것은 정말 중요합니다.

우리의 자녀들이 스스로 옳은 가치관을 선택하여 자신의 삶을 끌어나갈 수 있도록 도와주시기를 바랍니다. 옳은 가치관이 정립될 때까지는 부모의 가이드가 분명히 필요하고, 많은 것들을 가르쳐 주어야 합니다. 잘못된 가치관을 가지지 않고 나와 남을 모두 소중히 여길 수 있도록 말이에요. 또한 여러분이 먼저 아이의 마음에 귀 기울이며 주시기를 바랍니다. 자기 생각과 감정을 존중받으며 큰 아이는 다른 사람의 지시에 마냥 휘둘리고 끌려다니지 않습니다. 누군가가 자신을 소유물처럼 취급하려 할 때 그것을 빠르게 눈치챌 수 있으며, 곧바로 방향을 틀어 자신을 보호하는 방향으로 나아갈 수 있습니다.

우리의 소중한 아이들이 악한 사람들 앞에서 종처럼 복종하며 살지 않도록, 누군가 다른 사람의 소유물처럼 기능하며 살지 않도록, 아이들의 생각과 감정을 존중해 주시기를 바랍니다. "이게 다 널 위해서 그러는 거야."라고 말하며 내 뜻대로 움직이려 하기 전에, 아이가 지금 어떤 생각을 하고 있으며 무엇을 원하는지에 관심을 가져 주세요. 여러분이 아이의 마음에 관심을 가지는 만큼 아이는 스스로 생각할 힘을 얻게 될 것입니다.

너 때문에 내가 창피해서, 원

5장

다 널 위해서 하는 말이야

: '가스라이팅'하는 연인

"사람이 선해지면, 자기 내면에 남아 있는 악을 더욱 분명하게 인식한다. 사람이 악해지면, 자신이 악하다는 것을 잘 인식하지 못한다. 깨어 있을 때는 잠을 인식할 수 있지만 잠을 잘 때는 잠을 인식할 수 없는 것과 같은 이치이다."

– C. S. 루이스Clive Staples Lewis

좀 이상해요. 지환 씨는 늘 시간 약속에 늦는 편이거든요. 기본 20~30분씩 늦고 어쩔 땐 한 시간 두 시간씩 늦을 때도 있는데, 그래 놓고 전혀 사과하지 않아요. 내가 이렇게 오래 기다렸는데 사과해야 하는 것 아니냐고 말하면 오히려 저한테 짜증을 내죠. 자기는 다 이유가 있어서 그런 건데 왜 이해를 못 하냐는 거예요. 그러면서 절 배려심 없고 까탈스럽다고 말해요. 그런데 더 이해할 수 없는 건, 제가 가끔 지환 씨보다 5분이라도 더 늦게 오면 지환 씨는 아주 불같이 화를 내거든요. 어떻게 자길 기다리게 할 수가 있냐는 둥, 자기가 시간이 남아도는 줄 아냐는 둥 난리가 나요. 평소에 별문제 없을 때야 매번 사랑한다고 잘해주겠다고 말은 참 잘하는데, 제가 지금 제대로 된 연애를 하는 건지 모르겠어요.

연경   오빠, 왜 이렇게 늦었어? 내가 지금 50분이나 기다렸
       잖아.

지환   하... 나 목요일마다 바쁜 거 몰라? 나한테 그렇게 관심
       이 없어?

연경   목요일마다 바쁘다고 말한 적 없잖아. 그리고 바빠서
       그렇게 늦을 것 같으면 시간을 좀 더 늦게 잡았어야지.

지환   바쁜데도 이렇게 달려온 사람한테 꼭 그렇게 걸고넘
       어져야겠어? 자꾸 그렇게 지적하는 거, 안 좋은 습관
       이야.

모든 관계에는 오해나 갈등이 생기기 마련입니다. 누구나 각자의 고유한 생각과 감정을 가지고 살아가기 때문에, 잘잘못을 가리는 것은 사람마다 매우 주관적일 수밖에 없어요. 사랑하는 연인 사이라 해도 다르지 않습니다. '내가 약속에 좀 늦어도, 사정이 있었을 거라고 생각하며 이해해 주면 되는 것 아닌가?'라고 생각하는 사람도 있고, '조금이라도 늦으면 사과해야지. 기다린 사람을 존중한다면 그렇게 해야 해.'라고 생각하는 사람도 있죠. 어떤 것을 더 선호하든, 나와 남에게 같은 잣대를 적용한다면 큰 문제가 되지 않습니다. 문제는, 나와 남에게 서로 다른 잣대를 적용하려 들 때 시작되죠.

자기가 약속에 늦을 때는 전혀 사과하지 않고 그냥 넘어가면서, 상대방이 늦을 때는 무섭게 비난하며 사과를 강요하는 사람들. 자신이 잘못했을 때는 '별것도 아닌 일로 문제 만들지 말라'고 빈정대면서, 상대방이 똑같은 잘못을 했을 때는 '어떻게 그럴 수가 있냐?'고 호들갑을 떨며 화내는 사람들. '내로남불'이 몸에 밴 이런 사람들을 우리는 나르시시스트라고 합니다.

물론 인간은 기본적으로 이기적이기 때문에 타인과 자신을 같은 측면에서 보기란 쉬운 일이 아니에요. 성숙한 사람들은 자기 자신과 타인에게 똑같은 잣대를 적용하려 늘 노력하지만, 보통 일반적인 사람들에게는 자기 잘못과 타인의 잘못을 같은 시선으로 바라보기가 참 어려운 일입니다. 남과 나에게 같은 판단 잣대를 적용하기는 결코 쉬운 일이 아니에요. 그러나 사람들은 '노력'을 합니다. 친밀한 관계일수록, 소중한 사람일수록 더더욱 상대를 '이해'하고 '존중'하려 끊임없이 노력하죠. 상대방이 하는 말을

다 널 위해서 하는 말이야

잘 듣고 상대방의 의견과 내 의견 간에 조율하려고 애를 씁니다. 상식적인 사람들은 내 생각과 감정이 중요한 만큼 상대방의 생각과 감정도 중요하다고 생각하기 때문에, 상대방을 존중하고 이해하기 위한 노력과 수고를 아끼지 않아요.

그런데 이런 '노력'과 '수고'를 아예 쓸데없는 것으로 치부하는 사람들이 있습니다. 이젠 별로 놀랍지도 않으실 거예요. 바로 나르시시스트들입니다. 이들은 자기 잘못을 인정하거나 상대의 입장을 존중하는 행동을 자신이 부정당하는 행동이라고 생각합니다. '지는 게 결국에는 이기는 것이다.'라는 말이 전혀 통하지 않는 사람들이에요. 이들은 상대의 말에 경청하거나 동의하고 수용하는 등의 행위를 매우 부정적으로 생각합니다. 그 모든 것들은 약자들이 강자 앞에서 눈치를 보고 비위 맞출 때나 하는 행동이라고 생각하죠. 나약한 패배자의 행동이라고 생각합니다. 반대로 상대의 생각을 무시하고, 의견을 거절하고, 뜻을 좌절시키는 것, 그래서 상대를 오로지 내 뜻대로만 움직이게 하는 것을 바로 강자의 행동이라고 생각해요.

주종관계, 즉 주인과 종의 관계를 생각해 보시면 좀 더 이해하기 쉽습니다. 둘 중 한 사람은 주인이 되고 다른 한 사람은 종이 되어, 종은 주인이 시키는 대로 군말 없이 움직이는 관계. 나르시시스트가 원하는 관계가 바로 그런 관계입니다. 따라서 이들은 어떻게든 관계에서 주인의 위치에 서려고 합니다. 그러고는 종을 대하듯 상대방을 자기 뜻대로 휘두르려 하죠. 정신적으로 압박을 가하거나 심리를 조종해서 자기 뜻대로 할 수밖에 없도록 만들어요. 상대방이 스스로 판단하고 스스로 결정하도록 자유를 주지 않죠. 자신이 판단해 주는 대로만 받아들이고 자신이 결정해 주는 대로만 따라오게 만듭니다. 그렇게 서서히 가스라이팅이 시작되는 거예요.

다 널 위해서 하는 말이야

연인으로부터 결정권을 빼앗는 가스라이터

    제 유튜브 채널 〈서랍TV_힐링크리에이터〉는 나르시시스트에 대한 다양한 정보와 지식을 다루고 있습니다. 저는 이들의 심리와 행동 패턴, 대처법 등에 관한 내용을 영상으로 만들어 올려 왔는데요, 그중에서도 특히 이 '가스라이팅'을 다루는 영상들에 많은 분들이 뜨거운 반응을 보였습니다. 그리고 정말 감사하게도, 영상 아래에 댓글로 자기 경험과 기억에 관련된 이야기들, 질문들을 많이 남겨주셨습니다.

    "뭘 해도 자꾸만 눈치를 보게 돼요."
    "제가 많이 부족하니까 천대받는 거로 생각했어요."
    "뭐 하나 제대로 하지 못하는 제가 문제라고 생각했어요."
    "혹시 저 가스라이팅 당하고 있는 건가요?"

    가스라이팅이란, '타인의 심리나 상황을 교묘하게 조작

해 그 사람이 자신을 의심하게 만듦으로써 상대방에 대한 지배력을 강화하는 행위, 정신적 학대'를 일컫는 말입니다. '가스라이팅'이라는 단어는 1938년에 개봉한 〈가스라이트Gas Light〉라는 연극에서 유래했습니다. 그 내용은 다음과 같습니다.

아내는 가스등 때문에 집안이 너무 어둡다고 말했지만, 남편은 아내의 말을 인정하지 않습니다. 어둡지 않다고, 당신의 착각이라고 말하죠. 남편은 아내를 점점 현실을 인지하지 못하는 인지장애 환자로 취급합니다. 온갖 이유를 갖다 붙여 사람들 앞에서 아내를 정신병자로 몰아갑니다. 사실 남편의 이러한 행동에는 이유가 있었습니다. 아내는 막대한 유산을 물려받아 재산이 많았는데, 남편은 그 재산을 빼앗으려는 마음으로 결혼한 것이었죠. 종국에 아내는 남편의 정신적 학대로 인해 심리적으로 매우 불안한 상태가 되어 자신의 판단을 믿지 못하게 됩니다. 아이러니하게도, 심리적으로 불안할수록 아내는 남편에게 더 의존적으

다 널 위해서 하는 말이야

로 변해 갑니다. 이 모든 것이 남편의 교활한 술수인지도 모르고 말이에요.

"당신은 판단을 잘 못하니 내가 대신 판단해 줄게."
"이게 다 당신을 위한 거야."
"내가 더 많은 정보를 알고 있으니 내 말대로 하면 더 좋은 결과가 나올 거야."
"당신은 요즘 스트레스를 많이 받고 있으니 이런 머리 아픈 일에 신경 쓸 필요 없어."

이와 같은 선해 보이는 말들을 이용해 상대방을 속이고 선택권을 빼앗고 모든 것을 자기 멋대로 결정하려 드는 것이 바로 '가스라이팅'입니다. 선한 말처럼 들리기 때문에 자신이 얼마나 상대를 위하고 아끼고 사랑하는지를 어필하면서 동시에 자신의 사악한 의도를 숨길 수 있죠.

나르시시스트는 가스라이팅을 통해 상대방의 모든 행

동을 제어하고 모든 결정권을 자신이 가지려 듭니다. 그러면서 자기 잘못을 가리고 당신의 관심을 다른 데로 돌리기위해 계속해서 당신의 흠을 들춰내고 비난하고, 화를 내기도 하죠. 상대방에게 있는 아주 작은 흠을 부풀려 말하거나, 한 적도 없는 일을 했다고 주장하기도 하는 등 어떻게든 상대방에게 큰 문제가 있다고 목소리를 높입니다. 그러면서 굉장히 걱정스럽다는 말투로, 자신이 상대를 위하기때문에 그런 말을 하는 거라 주장해요.

따라서 상대방은 지금 그들이 얼마나 나쁜 짓을 하는지인지하지 못한 채 자기 자신을 돌아보고 검열하는 데에 온정신을 쏟게 되죠. 언제 어디서 트집 잡힐지 몰라 늘 긴장을 늦추지 못하고 계속해서 그 사람의 눈치를 보면서 말이에요. 이 과정이 매우 천천히, 지속해 이뤄지기 때문에 상대방은 자신도 모르게 그 모든 상황에 서서히 익숙해지는데요, 지금 이게 문제가 있는 건지 없는 건지 파악조차 못한 채 계속해서 휘둘리게 됩니다.

다 널 위해서 하는 말이야

그리고 정말 안타까운 것은, 자신을 비난하고 공격해 대는 그 사람을 끝까지 '좋은 사람'으로 믿어주려 애쓴다는 것입니다. 피해자는 자신이 피해를 보고 있는지도 모르고, 그 사람이 일으킨 문제를 자신의 탓으로 돌리며 그 사람의 잘못을 정당화시키고 계속해서 변호해 주려고 해요. 다음과 같은 생각들을 하면서 말이죠.

'정말 걱정돼서 하는 말이었을 거야. 내가 실수가 좀 많아?'
'날 이렇게까지 생각해 주는데, 그냥 원하는 대로 해주자.'
'내가 모르는 이유가 있겠지.'
'내가 더 나은 사람이 되길 바라는 마음으로 저렇게 지적을 해주는 거야.'
'지난번과 말이 달라진 데에는 분명히 말 못 할 이유가 있었을 거야.'

너무 바보같이 느껴지나요? 자신을 속이고 괴롭힌 그 사람을 끝까지 옹호하고 지지해 주려 하는 모습이 한심해 보이시나요? 그 지경이 될 때까지 문제를 인식조차 못 하고 휘둘려 온 피해자에게 잘못이 있다고 봐야 할까요? 아뇨, 절대 그렇지 않습니다. 전문가들은 말합니다. 누구나 나르시시스트의 타깃이 될 수 있으며, 전문가들조차도 이들의 술수에 깜빡 속아 넘어갈 때가 있다고. 우리 중 그 누구라도 나르시시스트의 가스라이팅의 피해자가 될 수 있습니다. 그들은 생각보다 훨씬 더 교묘하고 집요하기 때문에, 평소 그들에 대한 지식을 잘 갖추어 놓지 않는다면 아무리 똑똑하고 대단한 사람이라 할지라도 그들의 교활한 수작으로부터 절대 자유로울 수 없습니다.

가스라이팅을 하는 근본적인 이유

나르시시스트는 본질적으로 경쟁심이 매우 강합니다. 경쟁심이 강한 이유 중 하나가 뭐냐면, 이들은 늘 이분법적 사고방식, 흑백 논리에 빠져 있어 비교 의식 빼고는 사

다 널 위해서 하는 말이야

고가 불가능하기 때문입니다. 무엇이든 둘로 나누어서 어느 쪽이 더 우월하고 어느 쪽이 더 열등한지를 판단하려 들고, 자신은 늘 우월한 위치에 있기를 원하죠.

이들은 남들보다 특별해 보이기 위해 빛나는 장점이 있는 상대를 자기 연인으로 삼지만, 시간이 흐를수록 연인의 그 빛나는 장점과 자기 자신을 비교하기 시작합니다. 처음에 상대에게 매료당했던 바로 그 점 때문에 차차 자기 자신이 열등해 보인다고 생각하게 돼요. 남들로부터 찬사받고 싶은 욕구를 채우기 좋아 보였던 바로 그 상대의 특징이 나중에는 자신의 자존감을 위협하게 되는 거죠.

따라서 자신의 위치를 다시 회복하고 드높이기 위해서 이들은 상대방을 바닥으로 끌어 내릴 수밖에 없습니다. 시간이 지날수록 연인을 가스라이팅하고 괴롭히고 깎아내리는 이유가 바로 여기에 있어요. 이들은 상대방을 칭찬해줘야 할 타이밍에 어떻게든 꼬투리를 잡아 비난하고, 상대방을 거짓말쟁이, 망상증 환자로 취급합니다. 점점 유쾌함을 꺼림칙한 기분으로 대체해 버리죠. 별것도 아닌 일에 상처받았다며 불만을 터뜨리거나, 자기 멋대로 문제를 일으키고는 그게 다 상대방 탓이라 말하며 점점 더 상대방의 마음을 불편하게 만듭니다. 결국 상대방은 이 나르시시스트의 심기를 살피고 눈치를 보는 데에 모든 정신적 에너지를 다 쏟게 돼요. 그래도 이 사람이 나름 좋은 면도 있고 날 위해주는 사람이라고 스스로를 다독이면서 말이에요.

이들은 상대방을 이런 식으로 조련해 나갑니다. 시간이 흐를수록 상대방은 관계에 문제가 생길 때마다 그것을 모두 자기 탓이라고 생각하게 되죠. 신랄한 지적과 무자비한 비난을 받으면서도, 다 나를 위한 건설적인 비판이려니 하고 받아들입니다. 그들이 하는 말을 잘 듣고 잘 맞춰주면 관계가 더 나은 방향으로 흘러갈 것이라는 희망을 품고 그렇게 해요. 나르시시스트의 본심을 모르는 상대방은 계속 열심히 노력합니다. 노력하다 보면 잘될 거라고, 내가 잘

다 널 위해서 하는 말이야

하면 모든 게 다 좋아질 거라고 믿으면서 말이죠.

그렇게 끝도 없이 인내하고 기다리고 덮어주고 안아주지만, 결국 어떻게 될까요? 당신이 노력하는 만큼 관계가 더 나아질까요? 아니요, 그들의 말을 들어줄수록, 시키는 대로 따라줄수록 문제는 점점 더 악화할 뿐입니다. 갈등은 걷잡을 수 없이 심각해지며 당신은 점점 더 문제가 많은 열등한 사람으로 취급받게 돼요. 모든 노력이 의미 없는 헛된 일이 돼버리는 경험을 수도 없이 반복하게 되죠. 결국 몸도 마음도 영혼도 만신창이가 되고 나서야, 뭔가가 잘못되었다는 것을 깨닫게 됩니다.

이들은 자기가 연인을 시기하고 있다는 사실을 스스로 자각하지는 못한다고 합니다. 자각은 못 하는데 행동은 무의식적으로 상대를 무너뜨리는 쪽으로 흘러가죠. 의식적으로 하는 행동이 아니기 때문에, 여러분이 나르시시스트 연인에게 고통을 호소해봤자 그들은 여러분의 말을 이해하지 못할 거예요. 왜 그러냐고, 왜 나를 괴롭히냐고, 왜 나를 이렇게 힘들게 하냐고 아무리 물어봐도 대답은 듣지 못할 겁니다. 대신 그들은 이렇게 말할 거예요.

"나는 잘해준 것밖에 없는데 왜 그렇게 모든 것을 부정적으로 바라보는 거야?"

건강한 연인관계의 특징

건강한 연인관계는 '자기 중심성'과 '자기희생'이 적절히 조화를 이룹니다. 자신의 필요나 욕구를 만족시키는 면도 있겠지만 상대방의 필요나 욕구를 만족시키려고 노력하는 면도 분명히 있어야 하죠. 상대방을 만날 때마다 기분이 좋고 외로움이 사라지고 정서적 만족감이 느껴져서 나의 욕구와 필요가 채워지는 건 연인관계의 순기능입니다. 연애는 다른 누구보다도 내 만족을 위한 것이 맞긴 해요. 그

다 널 위해서 하는 말이야

런데 내가 원하는 것만 생각할 뿐 상대방의 필요나 욕구를 무시해 버리는 그런 연애를 한다면 그건 정상적인 관계라고 볼 수 없겠죠.

물론 보통의 건강한 사람들도 상대방의 필요나 욕구를 눈치채지 못할 때가 많습니다. 그들이라고 해서 타인의 마음을 늘 잘 읽는 것은 아니니까요. 건강한 사람들은, 상대방이 자신의 필요나 욕구에 대해 진지하게 말할 때 귀를 기울이고 경청합니다. 그리고 자신이 소홀한 부분이 있었다고 판단되면 진중하게 사과하죠. 상대방의 필요나 욕구를 존중하려고 노력한다는 거예요.

그러나 나르시시스트들은 상대방의 필요나 욕구를 완전히 무시해 버립니다. 그냥 관심이 없는 정도가 아니에요. 상대방이 자신의 필요나 욕구에 대해 말할 때 그것을 완전히 못 들은 척하거나 혹은 상대방의 생각과 감정이 죄다 틀렸다고 주장하죠. 상대방은 이들 앞에서 필요와 욕구를 말하는 것이 점점 죄악처럼 느껴지게 됩니다. 때로 이들이 상대방을 위하는 말이나 행동할 때도 있긴 합니다만, 뭔가 얻을 게 있고 바라는 게 있을 때만 그렇게 할 뿐입니다. 이들에게는 '자기중심성'만 있을 뿐, '자기희생'은 전혀 찾아볼 수 없어요.

따라서 대화를 통해 이들을 이해시키고 문제를 풀어보겠다는 생각은 일찌감치 접는 것이 낫습니다. 당신이 어떤 말을 하던 그들에게는 쇠귀에 경 읽기나 다름없으니까요. 1장에서 말씀드린 것처럼, 연인이 나르시시스트라면 소통을 멈추고 관계를 끊는 것이 최선의 방법입니다. 이렇게까지 소통이 안 되는 사람, 나를 무시하는 사람과 계속 연애를 하는 것이 무슨 의미가 있을까요? 갈수록 나를 더 고통스럽게 하는 사람과 연애를 계속해야 할 이유는 없습니다. 그런 사람과 관계를 끊지 못하는 것, 자기 불필요한 시련 속에 자신을 버려두는 것은 '자학'이나 다름없습니다.

결국 나르시시스트와의 관계는, 이들이 여러분의 가족이거나 부득이하게 헤어질 수 없는 상황이 아니라면, 그저 헤어지고 멀어지는 것이 최선입니다. 다만 나르시시스트와의 이별은 매우 시끄러운 문제로 발전할 수 있으므로, 이 책의 9장에서 다루고 있는 '안전 이별을 위한 여섯 가지 조언'을 반드시 참고해 주시기를 바랍니다. 그리고 이들과 가족 관계이거나 부득이하게 헤어질 수 없는 상황이라면, 이 책을 계속해서 읽어나가 주세요. 절대 쉽진 않지만, 여러 가지 대응 방법이 있기는 하니까요. 그렇지만 다시 한번 강조합니다. 나르시시스트가 연인이면, 가차 없이 헤어지는 것이 최선입니다. 실수로 결혼까지 해버리면, 해결해야 할 문제가 산더미처럼 불어나기 때문이에요.

내 연인이 나르시시스트인지 잘 모르겠다면

연인과의 관계에서 느껴지는 답답함과 괴로움이 지나

치게 크고 또 그 괴로움이 계속 반복되고 있지만 아직도
내 연인이 나르시시스트가 맞는지, 헤어져야 할지 말지 판
단하기가 어려운 분들이 혹시 있나요? 이러한 분들을 위
해, 지금 그 관계를 지속해야 할지 아니면 헤어져야 할지
를 가려내도록 도와줄 만한 몇 가지 힌트를 드리도록 하겠
습니다. 다음의 세 가지 질문에 스스로 자문해 보시기 바
랍니다.

**첫 번째, '그 사람은 내가 힘들고 고통스러울 때 위로
가 되는 사람인가?'**

여러분은 이 질문에 바로 "Yes!"라고 답할 수 있나요? 연
애 초기가 아닌, 최근 몇 달간을 되돌아보며 답을 생각해
보시기 바랍니다. 혹시 머뭇거리거나 고민이 된다면 일단
은 그 사람과의 관계를 고민해 봐야 합니다. 특히 연애 초
반에는 확실히 위로되었었는데 지금은 그때와 달리 위로
가 되지 못하고 있다면, 더욱더 고민해 봐야 해요. 심지어
당신이 힘들다는 말을 꺼냈을 때 당신을 탓하는 말부터 한

다면, 그 사람이 나르시시스트가 아니라 해도 그 관계에 대해서는 다시 생각해 보셔야 합니다. 위로와 격려가 필요한 연인에게 위로는커녕 채찍질부터 해대는 모습, 그 모습이 과연 연인을 사랑하고 아끼는 모습일까요? 만일 당신 주변의 소중한 사람이 그런 대우를 받고 있다면 뭐라고 얘기하실 건가요?

두 번째, '내 의견을 자꾸만 부정하는가?'

당신이 지나간 일에 관해 이야기할 때, 혹은 당신의 생각이나 감정을 이야기할 때, 그 사람은 혹시 당신의 말을 사실이 아닌 것처럼 받아들이나요? 당신의 솔직한 의견을 거짓말이나 망상처럼 취급한다거나, 당신의 말에 대해 자꾸 틀렸다고 말하거나, 과거에 확실히 있었던 일을 인정하지 않는다면, 그 관계는 다시 생각해 봐야 합니다. 특히 그 사람이 자기가 잘못했던 것에 대해서 전혀 인정하지 않고, 자신은 그렇게 한 적이 없다며 억지를 부린다면, 그리고 갈등이 일어날 때마다 이런 일이 반복되고 있다면, 아주 분명한 위험 신호입니다. 그 사람은 자기 자신을 돌아보며 반성하는 것보다 사실을 왜곡시켜서라도 상대 비난하기를 더 편하게 생각하는 사람입니다.

세 번째, '다른 커플은 어떤지 자꾸 관찰하게 되는가?'

그 사람과의 사이에서 일어나는 일들에 대해 자꾸만 의구심 들고, '이게 정말 맞는 걸까, 이래도 되는 걸까'를 확인해 보기 위해 다른 사람들은 어떻게 하는지를 당신이 자꾸만 관찰하게 되고, 굳이 괜찮다는 증거를 찾으려 매번 애를 쓰고 있다면, 그것은 지금 그 관계가 그다지 건강하지 않다는 징후입니다. 다른 사람들과 비교하며 나의 연애, 혹은 연인을 비교하는 건 당신이 행복한 연애를 하지 못한다는 증거라고 볼 수 있어요. 그러면서 만일 스스로 상대의 잘못에 면죄부를 주고 있거나, 모든 문제를 자기 잘못으로 돌리려고 생각하고 있다면 그건 가스라이팅이 시작되었다는 증거일 수 있습니다.

다 널 위해서 하는 말이야

주변을 둘러보세요. 서로에 대해서 전혀 답답하지도 않고 다른 연인들은 서로 어떻게 대하는지 전혀 궁금해하지도 않고 마냥 행복하고 그저 좋기만 한 편안한 커플이 생각보다 많습니다. 연애는 그래야 해요. 내가 지금 이 사람과 맺고 있는 관계가 정상인가 아닌가 하는 문제로 필요 이상으로 많이 고민하고 에너지를 쏟고 있다면, 이제 그 관계를 정리할 시간입니다. 누가 뭐래도, 당신은 의심할 필요도 없이 당신을 확실하게 존중해 주는 사람과 연애할 자격이 있습니다.

6장

왜 그렇게 항상 부정적이야?

: 위로할 줄 모르는 연인

"내가 보기에 인간의 악에 있어서 가장 본질적인 심리 문제는 바로 여러 가지 특정한 형태로 나타나는 나르시시즘이다."

- 스캇 펙M. Scott Peck

일이 제 뜻대로 돌아가지 않을 때 그녀에게 가끔 힘든 부분을 이야기하면, 그녀는 오히려 저를 더 민망하게 만들어요. 저는 그저 "많이 힘들었겠다. 고생이 많구나."라는 한마디를 듣고 싶은 건데, 제가 해서는 안 되는 말을 했다는 듯이 오히려 절 나무라죠. 그녀는 제가 긍정적인 말만 하길 원해요. 그런데 세상에 좋은 일만 있을 수는 없잖아요? 매번 공감은커녕 되려 제 잘못을 지적하고 다그치기만 하니, 그녀에게 제 진심을 꺼내놓는 게 점점 더 어려워지기만 합니다. 이런 제가 이상한 걸까요?

기호   하... 어제 회사에서 과장님이 또 한 소리 하는 거야. 별 것도 아닌 일로 왜 그러는지 모르겠어. 그럴 때마다 매번 우울하고 화가 나.

세영   참 별게 다 우울하고 화가 난다. 상사한테 깨질 수도 있는 거야. 그러니까 평소에 잘 보였어야지.

기호   아니, 내가 잘못한 일도 아니야. 괜히 트집 잡는 거라고. 넌 잘 알지도 못하면서.

세영   힘들다고 우울하다고 하면 문제가 해결돼? 그렇게 부정적인 말 자꾸 하지 마. 듣고 싶지 않아.

기호   내가 지금 너하고 문제를 풀려고 하는 게 아니잖아. 소통이 하고 싶은 거라고. 이런 말 할 데가 너 말고 없으니까.

세영   너는 내가 네 기분을 다 맞춰줘야 한다고 생각해? 내가 무슨 감정 쓰레기통도 아니고, 서로 좋은 얘기만 나눠도 짧은 세월이야. 나한테 그 우울한 감정 자꾸 떠넘기지 말라고.

기호 씨는 세영 씨가 이해가 가지 않는다고 말합니다. 평소에는 아무 문제 없고 사이가 좋다가도, 기호 씨의 입에서 조금이라도 힘들다는 말이 나오면 세영 씨는 마치 혼을 내듯이 신경질적으로 반응합니다. 그저 자신의 감정을 표현한 것일 뿐 세영 씨를 괴롭히려고 한 말이 아니었기에 기호 씨는 억울한 마음이 들죠. 기호 씨는 세영 씨의 태도가 도무지 이해할 수 없다며 반박해 보지만 대화는 다툼으로 이어질 뿐이에요. 시간이 지나 기호 씨는 '내가 그런 얘기를 하지 말걸, 듣고 있는 세영이도 힘들었을 거야.'라고 생각합니다. 그리고 다음 날 먼저 사과를 하고 관계는 다시 평화를 찾게 되죠. 여자친구가 날 좀 더 공감해 주면 좋겠다는 생각도 들지만, '내가 그런 것까지 연인에게 요구하는 건 욕심인 거야.'라며 자신을 자책합니다. 그녀의 말처럼, 자신이 부정적인 감정을 전가하려 했을 수도 있다는 생각에 더욱 미안한 마음이 듭니다.

왜 내 기분을 너 때문에 망쳐야 하는 건데?

여러분이 힘든 하루를 보냈다고 가정해 볼까요? 회사일을 망쳤거나 직장 동료나 지인, 친구를 비롯한 인간관계 문제, 건강 문제 혹은 경제적 문제 등에 맞닥뜨렸을 수 있습니다. 예상치 못한 문제가 일어나 끙끙 앓기만 하다 하루를 망쳤을 수도 있어요. 그때 만일 당신의 연인이 오늘 하루가 어땠는지를 묻는다면, 어떻게 대답할까요?

"오늘은 좀 힘든 하루였어."
"그냥 쉬고 싶어."

왜 그렇게 항상 부정적이야?

"좀 우울하네."

위로와 공감이 필요하다고 느끼는 순간입니다. 지금, 이 타이밍에 사랑하는 연인이 내 마음을 이해하고 따뜻한 말 한마디를 건네준다면 마음이 한층 가볍고 평안해질 거예요.

"고생이 많지? 많이 애썼을 텐데."

하지만 간혹 예상치 못한 말을 하는 이들이 있습니다.

"왜 내 하루를 네 기분 때문에 망쳐야 하는 거야?"

지친 하루의 끝에 조심스레 힘든 마음을 드러냈을 때 이런 대답을 듣는다면, 그것도 자신을 가장 잘 이해해 줄 줄로만 알았던 가까운 연인으로부터 이 말을 듣는다면 어떤 마음이 들까요? '아니, 이게 도대체 무슨 말이야, 내가 못 할 말을 한 건가?라는 생각이 들지 않을까요? 이미 모든 게 뜻대로 돌아가지 않아 힘든 상황인데, 거기에 자신을 향한 자책이 더해져 이전보다 더 큰 좌절감으로 몸부림치게 되지 않을까요? 어깨 위에 무거운 짐을 지고 있는데 그 위에 커다란 바위를 하나 더 올려놓는 듯한 기분이 들 겁니다. 상처받아 이미 아픈 사람에게 더 큰 상처를 안겨주는 이들, 상대의 아픔을 헤아리려 노력하기는커녕 자기 기분을 망칠까 봐 전전긍긍하며 도리어 상대를 비난하는 이들, 바로 '나르시시스트'입니다.

공감을 거부하는 사람들

다음 두 개의 항목을 찬찬히 읽어보시기를 바랍니다. 만일 당신이 이 두 항목의 내용에 동의하신다면, 당신은 나르시시스트가 아닙니다.

1. 힘든 일을 겪거나 스트레스를 받았을 때, 주변 사람들의 위로 한마디에 큰 힘을 얻는다.
2. 힘들 때 내 주변에 위로해 주는 사람이 한 사람도 없으면, 굉장히 외로워지고 기분이 우울해지기도 한다.

다시 한번 말씀드리지만, 위의 두 문장에 '진실로' 공감한다면 당신은 나르시시스트가 아닙니다. 물론 나르시시스트들도 사람들 앞에서는 위로가 중요하다고 말은 할 수 있어요. 진심으로 위로하는 척, 혹은 위로받고는 감동하는 척 연기도 잘합니다.

그러나 실제로 그들은 '위로'에 대하여 보통 사람들과 아주 많이 다른 생각을 하고 있습니다. 특히 자신이 만만하게 생각하는 사람이 자신에게 위로를 건네거나 반대로 위로를 요구해 오면, 이들은 어처구니없게도 그것을 자신을 무시하는 행동으로 받아들여요. 이들의 본심은 상대방을 위로하는 것도, 상대방으로부터 위로받는 것도 모두 거부합니다. 심지어 자신에게 위로를 요구하는 사람, 또는 자신을 위로하려 애쓰는 사람을 경멸하기까지 하죠. 위로를 통해 순수하게 마음을 나누고자 했던 상대방은 굉장히 당황스러울 수밖에 없습니다.

나르시시스트들이 공감 능력이 떨어진다는 말은 많이 들어보셨을 거예요. 그런데 이들은 자기가 공감 능력이 떨어진다는 것을 잘 인식하지 못합니다. 그저 자신이 매우 정상적이고 완벽한 사람이라고 생각해요. 그래서 남들 또한 모두 자신과 똑같이 느낄 거라고 생각하죠. 자기가 남들의 아픔과 괴로움을 보면서 함께 아파하는 사람이 아니라 오히려 즐기는 사람이기 때문에, 남들 또한 그럴 거라고 생각합니다. 따라서 나르시시스트들은 모든 공감에 부정적으로 반응해요. 남들이 연민과 공감을 보낸다는 것을 곧 자신을 나약하고 불쌍한 패배자로 취급하는 것'으로 받아들이죠. 사람들이 겉으로는 위로하고 격려하는 척하지만, 속으로는 분명히 남의 힘든 모습을 즐기며 상대방을 경멸한다고 여깁니다.

본인이 늘 그런 사고방식으로 살아왔기 때문에, 다른 방식으로 생각할 수 있다고는 상상조차 하지 못하는 거예요. 앞서 말씀드렸듯이, 나르시시스트들은 늘 이분법적 사고방식으로 세상을 바라보며 사람들을 승자(윗사람) 아니면 패자(아랫사람)로 나눕니다. 내가 승리하기 위해서는 남을 짓밟아야 한다고 생각하고 있죠. 내가 승자가 되려면 남들이 패자가 되어야만 하고, 따라서 남들이 어려움을 겪거나 고통을 느끼는 것을 보면 그들을 패자 취급하고 멸시하며 오히려 승리의 기쁨을 느끼는 사람들입니다. 어려움과 고통 속에 있는 사람들을 보면 상대적으로 자신이 강하고 우월하다고 느끼기에 나약한 타인의 모습을 그야말로 즐기는 것이죠.

그들은 다른 사람들도 자신과 똑같은 감정을 느낄 거라 믿습니다. 그러므로, 사람들이 자신에게 다가와 공감하고 위로할 때 그것을 순수하게 받아들이지 않아요. 속으로는 자신을 나약한 놈, 패자라고 욕하며 멸시하고 있을 거로 추측하죠. 다른 사람들이 하는 모든 공감의 말에 부정적으로 반응합니다. 남의 아픔에 공감하지 못할 뿐만 아니라 타인의 공감을 받아줄 줄도 모르는 사람들인 거예요.

그런데 또 한 가지 우리가 짚고 넘어가야 할 것은, 이 나르시시스트들은 만만한 사람 앞에서나 이런 식으로 행동하지, 관계가 멀거나 권력이 있는 사람, 대중 앞에서는 그렇게 행동하지 않는다는 겁니다. 자신의 이미지를 위해서라면 공감도, 위로도, 격려도, 칭찬도 매우 잘하는 사람들이에요. 가면을 벗으면 불리하겠다 싶을 땐 절대로 가면을 벗지 않습니다. 대외적으로는 굉장히 감정이 풍부한 사람으로 보입니다. 피해자로서는 정말 기가 찰 노릇이죠. 누군가가 위로의 말을 건넬 때, 눈물까지 글썽이며 고마워하며 감동하는 이 메소드 연기가 아주 일품이라 무슨 연기대상이나 트로피 같은 거라도 손에 쥐어 주고 싶은 마음이

왜 그렇게 항상 부정적이야?

들기까지 합니다.

　말로 다 형용할 수 없는 이 뛰어난 연기력 때문에, 피해
자를 제외한 모든 사람들은 이 나르시시스트를 정말 감성
이 풍부하고 공감 능력이 뛰어나며 위로를 잘 주고받는 사
람으로 여깁니다. 이러한 이중적인 면 때문에 나르시시스
트와 피해자의 관계는 더더욱 힘들고 고단합니다. 사람들
앞에서는 그 누구보다 더 감성적으로 보이던 사람이, 아무
도 보는 이가 없을 때 내 옆에만 오면 완전히 다른 사람이
돼버리는 거죠. 내가 위로하고 공감할 때는 이상하게 거칠
게 반응하며 비난으로 나를 몰아붙이면서, 다른 사람들 앞
에서는 언제 그런 일이 있었냐는 듯이 아주 황송하다는 표
정으로 감격의 눈물을 글썽이고 있으니, 혼란스러울 수밖
에요.

　여러분이 만일 나르시시스트 앞에서 만만한 상대로 찍
혀 있다면, 그들을 위로하고 공감해 주려 할수록 사이는

더 나빠질 겁니다. 선한 의도였다고, 도와주려는 의도였다고 설명하려 하면 할수록 그들은 더 모진 말로 당신에게 상처를 줄 거예요. 또한 내가 위로받고 싶을 때, 공감을 원할 때는 전혀 관심도 없고 그저 나를 차갑게 비난만 하던 사람이 다른 사람들 앞에서는 아주 작은 일에도 걱정해 주며 어깨를 토닥여 주고 아픔을 함께하려 애쓰는 그런 모습을 볼 때면, 몹시 당황스러워질 거예요. 도대체 내가 뭘 보고 있는 건지 내가 미친 사람인 건지 헷갈리기 시작하죠. 늘 자기 자신만 생각하고 옆에서 내가 죽든 말든 아무 관심이 없던 사람이, 도대체 다른 사람들 앞에서는 왜 저러는 건지, 저 사람하고 나하고 둘 중 하나는 미친 게 분명하다는 생각이 들 정도로 모든 것이 혼란스러워지죠. 사람들 앞에서 선한 이미지의 가면을 쓴 저 사람의 진짜 모습(악한 모습)을 나 혼자만 알고 있는 거니까요. 아무리 설명해도 사람들은 믿지 않을 텐데, 이 말도 안 되는 상황을 어떻게 헤쳐가야 할지 그저 막막할 뿐일 거예요.

기호 씨의 태도는 세영 씨를 화가 나게 만들기에 충분했을 겁니다. 기호 씨가 지금 공감과 위로를 '요구'하고 있거든요. 세영 씨가 만일 나르시시스트라면, 이러한 기호 씨의 모습에 무의식적으로 분노를 느꼈을 겁니다. 자신의 감정을 흔들어 조종하려는 악의적인 수작이라 받아들였을 거예요. 지금 두 사람의 관계에서 세영 씨는 자신이 우월하고 상대방이 열등하다고 여기고 있으므로 상대방이 자기 말에 무조건 수긍하고 동의하고 복종해야 하는데, '위로'라는 수작을 통해 상대방이 자기 행동을 움직이려 드는 겁니다. 자신을 흔들어 감정을 분출하게 만들려는 수작이라고 생각해요. 감정을 분출하는 것은 약자의 태도인데, 자신에게 약자의 행동을 요구하고 있는 겁니다. 결국 대화가 자기 뜻대로 흘러가지 않는 것에 대해 신경질이 난 그녀는 공격을 시작합니다. '왜 네 문제와 네 감정을 나한테 떠넘기느냐'라는 말도 안 되는 지적으로 대화의 우위를 점하려 들죠.

"아니, 별것도 아닌 것처럼 보이던 그 대화를 이렇게까지 해석한다고? 너무 사람을 나쁘게 보는 거 아니야?"

이렇게 생각하는 분들이 있을 수도 있어요. 우리가 평소에 흔하게 하는 말들, 별문제 없는 말들을 어쩌면 너무 심각하고 예민하게 받아들이는 것처럼 보일 수도 있습니다. 그리고 사실 이러한 대화가 아주 가끔 일어난다면 별문제가 되지 않습니다. 그러나 모든 가스라이팅은 이런 간단해 보이는 대화로부터 시작됩니다. 이러한 답답한 상황이 고질적으로 장기간 반복되고, 감정적으로 무시당하고 조종당하는 빈도가 점점 더 늘어난다면, 사람의 생명조차도 왔다 갔다 하는 중대한 문제로 발전할 수 있다는 거예요. 이미 겪어보신 분들은 제 이야기가 충분히 이해되실 겁니다. 나르시시스트와의 관계가 깊이 빠져들기 전에 제 설명이 이해되신다면 참 좋겠지만, 대부분의 사람들은 이 모든 일을 직접 겪고 나서야 무릎을 치며 아쉬워하죠. "아, 내가 이걸 미리 알았으면 그렇게까지 힘들지 않았을 텐

왜 그렇게 항상 부정적이야?

데!"라고 하면서 말입니다.

그들이 두려워하는 것

이들이 사람들의 감정에 공감하기를 꺼리는 데에는 여러 가지 이유가 있지만, 그 중 '감정 공포증'이라는 개념은 좀 알아 둘 필요가 있습니다. 사실 이들은 '감정' 자체를 나약함의 증거라고 생각합니다. 더 나아가 감정을 표출하는 것이 두려운 결과를 가져온다고 믿는 '감정 공포증'에 시달리는 사람들이죠.

크레이그 말킨Craig malkin 박사의 말에 따르면, '나르시시스트'라고 불리는 이들은 '감정 공포증' 때문에 늘 상대방을 비난하는 데에 몰두하는 경향을 보인다고 합니다. 이들은 타인으로부터 감정적으로 전혀 영향을 받지 않는 것을 강하고 완벽한 사람의 특징이라고 생각합니다. 상대의 말이나 행동 때문에 자신의 감정이 흔들리고 그 흔들리는 감정을 표현하는 것을 아주 나약한 행동이라 보는 거죠. 더 나아가 감정을 표현한다는 것은 언제든 상대에게 휘둘릴 빌미를 제공하는 일이라고 여깁니다. 감정을 내비치는 행위는 상대에게 지배당하기 좋은 희생양들의 습관쯤으로 생각한다는 거예요.

여러분들은 혹시 피해자보다 가해자들을 두둔하는 사람들을 본 적 있으신가요? 가해자가 피해자를 휘두르고 괴롭혔다는 말에 "당한 사람도 빌미를 제공한 거지 뭐."라는 식으로 말하는 사람들 말이에요. 자꾸 약점을 노출하고 나약한 모습을 보였기 때문이라는 논리죠. 소위 말하는 '학폭' 가해자들의 논리가 이런 식일 때가 많습니다. 상식적인 사람들과는 완전히 다른 시각으로 사건을 바라보고, 말이 되지 않는 논리를 들이밀며 자기 잘못을 정당화시키는 거예요. 이들의 억지스러운 논리와 우리가 '나르시시스트'라고 부르는 사람들의 논리는 놀랍도록 닮아 있습니다.

왜 그렇게 항상 부정적이야?

"문제의 원인은 그 사람의 나약함에 있고 문제를 해결하는 방법은 강해지는 것뿐이다. 나약한 사람은 감정을 쉽게 드러내며, 감정을 숨기는 사람들이 강자다. 그러니 강자가 되기 위해서는 감정을 드러내지 않아야 한다. 쉽게 감정을 표출하는 너는 그렇게 당해도 싸다."

이런 말도 안 되는 논리가 이들에게는 당연한 상식처럼 받아들여집니다. 가해자를 피해자 취급하고, 피해자를 가해자 취급하며 자신들의 시각에는 전혀 문제가 없다고 생각해요. 어떠세요? 뉴스에서 종종 목격하는 '학폭' 가해자들의 말속에서 이런 논리를 듣고는 경악한 적이 있지 않나요?

눈에 보이는 것이 전부인 사람들

이들이 타인의 감정에 공감하지 못하는 이유가 하나 더 있습니다. 바로 이들은 '보이는 것'이 전부라고 믿는다는 것입니다. 이들은 뭐든지 눈에 보이지 않으면 없다고 생각합니다. 자신이 눈으로 직접 볼 수 없는 모든 것들을 부정하죠. 정직이나 신뢰, 공감, 사랑, 희생, 이타심 같은 선한 가치들도 눈에 보이지 않기 때문에 인정하지 않아요. 이들은 그 모든 것들을 현실과 상관없는 말장난이라고 생각합니다. 패배주의에 찌든 나약한 이들의 자기 위로쯤으로 여기죠. 학교나 사회에서 배운 것은 있어서, 사람들 앞에서야 보이지 않는 가치들이 중요하다고 말은 할 겁니다. 그러나 본심은 다릅니다. 눈에 보이지 않는 것은 인정할 수 없으며 보이지 않는 가치 따위는 존중할 필요가 없다고 생각해요. 마치 엄마가 얼굴을 두 손으로 가리면 엄마가 없어졌다고 생각하는 어린 아기와 생각이 똑같습니다. 까꿍 놀이를 하며 엄마가 얼굴을 가렸다 드러냈다 하는 행동을 반복하면, 아기들은 실제로 엄마가 사라졌다가 나타났다를 반복하는 것으로 인식된다고 하죠. 어린 아기들은 자기 눈앞에 보이지 않으면 존재하지 않는다고 여기는데, 나르시시스트의 사고방식이 이와 같다고 볼 수 있습니다.

왜 그렇게 항상 부정적이야?

그리하여 이들은 보이지 않는 가치들을 중요하게 여기고 준행하려 애쓰는 사람들을 전혀 이해하지 못합니다. 보이지 않는 가치들을 소중하게 여기는 사람들을 향해 세상 물정 모르고 어리석다며 손가락질해요. 실제로 어리석은 것은 자기 자신이면서 말이에요. 그리고 그 사람들을 굉장히 만만하게 여기고 이용하려 듭니다. 이런 나르시시스트들에게 나의 힘든 점을 이야기하며 위로나 격려를 바란다면 어떤 일이 일어날까요? 그들이 당신의 감정에 공감할까요? 그럴 리가요. 세상 물정 모르는 아이 같은 소리 하지말라며 비웃지나 않으면 다행이죠.

눈에 보이지 않는 것을 인정하지 않는 습성 때문에, 이들이 갖게 되는 아주 잘못된 생각 중 하나는 바로, '눈에 보이지 않는 것들은 다 속여도 괜찮다'라는 것입니다. 눈에 보이지 않는 것들은 존재하지 않으니, 그것에 대해 거짓말을 아무리 한들 전혀 문제 될 게 없다고 여겨요. 따라서 수없이 거짓말을 하면서도 양심에 전혀 가책을 못 느끼는 일이 생깁니다. 자신이 잘못해 놓고도 그런 적이 없다고 아주 능숙하게 거짓말하죠. 또한 자기가 그럴 수밖에 없었다고, 그럴만한 이유가 있었다고 거짓말하며 자기 잘못을 합리화합니다. 아주 무자비하게 상대를 비난하고 상처 주고 나서는, 다음과 같이 말하는 거죠.

"너 잘되라고, 내가 너 생각해서 하는 말이잖아."

'애정이 있으니까 하는 말'이라며 자신의 의도를 선하게 포장하는데, 이 또한 나르시시스트가 자주 하는 거짓말입니다. 의도는 눈에 보이지 않으니까 마음껏 속이는 거예요. 이 말을 한다고 해서 무조건 나르시시스트인 것은 아니지만, 나르시시스트들이 이 말을 자주 이용해서 상대방을 속인다는 것은 우리가 알아둘 필요가 있겠죠.

왜 그렇게 항상 부정적이야?

감정은 공격 무기가 아닙니다

여러분께 묻겠습니다. 인간이 자신의 감정을 자연스럽게 표현하는 것이 타인에게 휘둘리고 끌려다니는 것을 의미하나요? 내가 슬플 때 슬픔을 표현하고, 내가 괴로울 때 괴로움을 표현하는 것이, 내가 상대에게 패배하는 것을 의미하나요? 아니요, 절대 그렇지 않죠. 인간의 감정은 아주 아름다운 것이고 이 감정을 적절하게 표현하는 능력 또한 아름다운 것입니다. 누군가를 짓밟고 위에 올라서기 위해 감정을 이용하는 이들이 진짜 잘못된 거예요. 감정을 있는 그대로 솔직히 표현한다는 건 문제가 아닙니다. 오히려 제대로 표현하지 못하는 게 문제죠.

'감정 공포증'은 어린 시절 부모의 잘못된 양육 방식을 통해 갖게 되는 경우가 많습니다. 어린 시절 강압적인 부모 아래에서 자라난 사람은 자신의 감정을 제대로 표현하는 데에 어려움을 겪게 되는데요, 감정을 솔직하게 표현할 기회를 잘 얻지 못했기 때문입니다. 오히려 부모 앞에서 자신의 감정을 표현할 때마다 두려운 일을 반복해서 경험하기도 하죠. 만일 이런 경험이 계속 반복되고 반복되어 그것이 무의식 속에 각인되면, 자신도 모르게 다음과 같은 결론을 내리게 되죠.

'감정을 표현하는 것은 두려운 결과를 가져온다.'

그래서 이 나르시시스트들은 어떤 일이 생겨도 절대 감정을 표현하는 일은 없어야 한다고 생각하며 살아갑니다. 그리고 이 사고방식은 성인이 된 이후로도 바뀌지 않는 경우가 많아요. 하지만 이런 어린 시절을 겪은 사람이라고 해서 무조건 나르시시스트가 되지는 않습니다. 전혀 문제없는 가정에서 자란 사람들이 성장하는 과정에서 나르시시스틱한 성향을 발현시키는 경우도 있어요. 자라면서 만나게 되는 환경이나 지식, 경험, 개인의 의지 또한 큰 작용을 하므로, 가정 환경이 어땠느냐를 보고 무조건 그 사람을 판단해서는 안 되겠죠.

만일 여러분이 우울감이나 회의감, 혼란스러움, 절망감 등을 종종 느낀다면, 여러분은 정신적으로 누구보다 건강한 사람일 수 있습니다. '내 삶은 왜 이럴까, 또 나는 왜 이럴까, 지금 잘하고 있는 게 맞나, 제대로 가고 있는 걸까?' 등등의 생각으로 때때로 고뇌에 잠기고 이런 심정을 가까운 누군가에게 표현하고 싶어 한다면 당신은 정서적으로 성숙한 사람입니다. 자기 자신에게 정서적으로 부족한 면이 있다는 걸 느낀다는 것은, 스스로가 지금의 수준에 머무르지 않고 더 성장할 필요가 있음을 인식할 수 있다는 뜻입니다. 그러므로 이런 사람은 세월이 흐를수록 정신적으로 더욱 성장하게 된다고 합니다.

기억하시기를 바랍니다. 우리가 느끼는 모든 감정은 다 자연스러운 것임을. 우리에게는 좋은 날도 있고, 나쁜 날도 있으며 긍정적인 감정이든 부정적인 감정이든 정상적인 사람은 다양한 감정을 표출할 수 있습니다. 다만 이 감정을 말이나 행동으로 전환할 때 우리가 가진 이성을 통해 적절히 조절하고 지혜롭게 표현할 필요가 있을 뿐이죠. 누군가가 밉다고 해서 바로 주먹부터 날리는 것은 통제력이 없는 어린아이와 같은 행동이죠. 모든 감정이 다 자연스럽다는 것을 인정하되, 그 감정들을 어떻게 표현하고 어떻게 다루어야 할지에 대한 지혜가 필요한 것 같습니다. 나르시시스트처럼 부정적인 감정을 무조건 억압해서도 안 되고, 반대로 모든 감정을 무분별하게 모두 행동으로 옮기는 것도 아닌, 감정을 성숙하게 다룸으로써 날이 갈수록 더욱 행복해지는 그런 삶이 되어야 할 것입니다.

7장

네가 뭘 안다고
함부로 얘기하는 거야?

: 권력을 무기로 삼는 나르시시스트 권력자들

"나르시시스트는 자신을 우월하게 만들기 위해 다른 사람을 하찮게 본다."

- 마리 린느 제르맹Marie-Line Germain

처음 대표님을 뵈었을 때는 정말 멋있다고 생각했어요. 30대 초반 젊은 나이에 성공한, 자신감 넘치는 사업가의 모습. 너무도 매력적이었죠. 하지만 시간이 지날수록 그분을 대하는 것이 점점 힘들어지더라고요. 본인의 눈앞에서는 마치 기계처럼 쉬지 않고 움직이길 원하셨고, 사생활도 없이 하루 종일 일만 붙들고 씨름하고 있는데도 저의 부족한 모습만 계속 지적하셨어요. 제 의견을 들어주는 척은 하시는데, 결과적으로는 늘 무시당했고 모든 게 대표님의 의견대로만 돌아갔습니다. 정말 독불장군 같아요. '젊은 꼰대'가 더 무섭다고 하던데, 저는 요즘 그 말이 정말 이해가 갑니다. 왜 이렇게 회사 사람들이 자주 바뀌는지도 알겠더라고요.

대표   승우 님, 요새 일이 왜 이렇게 엉망이죠? 보고서도 오늘까지 주기로 했는데 지금 전혀 일이 진행이 안 되고 있고… 도대체 왜 이런 거죠?

승우   아 대표님, 3일 전 회의 때 말씀하신 바로는, 그 보고서는 파기하고 다시 회의하자고 하셔서 아직 처리가 덜 되었고요. 지난주에 승미 님이 퇴사한 후로 제가 인수·인계받고 두 부서 일을 한꺼번에 맡아서 하다 보니 일이 늦어지고 있습니다.

대표   승우 님, 일이 늦어질 것 같으면 저한테 바로바로 말씀하셨어야죠. 문제가 생기면 이유 불문하고 빨리빨리 해결해야 할 거 아닙니까.

승우   …죄송하지만, 대표님, 회의 때 다 말씀드렸었고. 관련해서 결재도 승인해주셨었는데….

대표   지금 저를 탓하고 있는 거예요? 제가 잘못 알고 있다고 지적하려 드는 겁니까? 승우 님 그렇게 안 봤는데, 좀 당황스럽네요. 이렇게 말이 안 통하니, 원….

승우   아닙니다. 죄송합니다.

젊은 대표는 요즘 하루가 멀다 하고 승우 씨를 불러냅니다. 그때마다 승우 씨는 머리에서 식은땀이 흐르고 심장이 두근거린다고 합니다. 일하는 만큼 결실은커녕 책임져야 할 의무만 더 늘어가는 것 같아 계속 한숨이 나오고요. 비록 직원 수가 많지 않은 중소기업이지만, 승우 씨는이 회사와 함께 성장하고 같이 성공의 길을 걷겠다고 다짐했었습니다. 그러나 아무리 열정적으로 일해도, 늘 책임을돌리고 꾸짖기만 하는 대표의 모습에 승우 씨는 점점 지쳐가고 있죠. 회사 생활이 다 그렇다고, 대표가 특별히 부당한 지시를 내리는 건 아니라고 자신을 다독여 보지만, 회사와 대표를 향한 신뢰는 예전만 못합니다.

그들에게 권력이란 가장 강력한 무기입니다

자기 말이 곧 법이라고 생각하고 국민의 입장에는 전혀 관심이 없는 정치권력자들. 문제가 생기면 무조건 남의 탓으로 돌리고 비난만 해대는 직장 상사들. 직원들의 헌신을 늘 당연히 여기며 대가 없이 열정만 강조하는 기업 대표들. 여러분은 주변에서 흔히 볼 수 있는 사람들이죠. 물론 높은 직위나 권력을 갖고 있다고 해서 모두가 나르시시스트인 것은 아닙니다. 하지만 문제를 지적할 줄만 알지, 해결할 줄 모르는 무능한 권력자들은 생각보다 많습니다. 우리 주변 어디에나 존재해요. 오랜만에 모인 동창회에서도, 같은 취미로 모인 동호회에서도, 과제를 위한 조 모임에서도 우리는 종종 그런 사람들을 만납니다. 시간과 장소를 가리지 않고 남의 흠을 들추고 욕하는 친구, 말이 통하지 않는 선배, 꼰대 같은 상사, 권위 의식에 가득 찬 대표의 모습으로 그들은 언제나 우리 주변에 존재하죠. 당신이 특별히 운이 없어서, 잘못된 선택의 결과로 그들을 만나는 게 아닙니다. 그들이 어디에나 항상 존재하기에 우리는 살다 보면 그들을 만날 수밖에 없습니다.

여러분이 보시기에 승우 씨는 어떤 잘못을 했다고 생각하시나요? 대표는 승우 씨에게 변명하고, 잘못을 떠넘기고, 지적하려 든다고 말하죠. 그러나 진실은 어떻습니까? 책임을 떠넘기고 비난하고 상대를 막무가내로 무시하고 있는 건 승우 씨가 아니라 오히려 회사의 대표입니다. 자신의 위치를 이용해 상대를 찍어 누르려고만 하고 있어요. 자신이 직접 바꾼 일정을, 충분한 사유가 있는 업무 차질을 되려 승우 씨의 탓으로 돌리고 질책만 하고 있으니 말입니다. 이렇게 문제를 해결할 능력은 없으면서 권위 의식으로만 가득한 이들을 우리는 '나르시시스트'라고 부릅니다. 이들은 자신이 가진 우월한 위치를 이용해 상대를 찍어 누르면서, 그것을 권위라고 생각해요. 이들은 상대를 굴복시키기 위해서 자신의 권력을 이용합니다. 권위에 대해 왜곡된 생각을 하는 사람들은 몇 가지 공통점을 가지고 있습니다.

첫 번째, 스스로가 완벽한 사람이라고 믿습니다.

세상에 완벽한 사람은 아무도 없습니다. 인간은 누구나 실수하며 살아가요. 이 사실을 인식해야만 모든 것을 객관적으로 볼 수 있고 정확한 판단이 가능합니다. 그 누구도 예외 없이 인간은 모두 불완전하다는 것, 이것은 누군가에겐 너무도 당연한 사실이지만 어떤 사람들에게는 도저히 상상도 못 할 이야기입니다. 늘 자기 자신은 완벽하고 절대 실수하지 않는다는 비뚤어진 시선으로 세상을 바라보죠. 그래서 문제나 갈등이 생겼을 때 그 원인을 분석하기보다는 무조건 범인부터 찾아내려 하고, 자신의 화난 감정을 그 사람에게 덮어씌워 잡아 족치려 듭니다. 인간은 언제 어디서든 실수할 수 있는 불완전한 존재이기에, 모든 사람이 다 함께 최선을 다해도 언제나 문제는 일어날 수 있는데, 그걸 인식하지 못합니다. 그들은 문제나 갈등이 일어날 때마다 어떤 사람이 악의를 가지고 일부러 문제를 만들어 냈다고 생각합니다. 따라서 그 문제에 대해 책임질 누군가를 반드시 잡아내 벌주려고 하는 동시에, 자기 자신은 그 문제와 상관이 없는 결백한 사람임을 주장하죠.

"아니, 그럼 내가 문제라는 거야? 네가 잘못한 게 분명하잖아!"

"이러니 내가 널 못 믿는 거야. 변명하기에만 급급하잖아!"

두 번째, 자신을 두려운 사람으로 여기길 원합니다.

그들은 상대에게 공포심을 주길 원하며 그 어떤 자비도 베풀지 않습니다. 성장 과정에서 어른들의 따뜻한 사랑의 감정을 경험한 적이 부족하기에, 이들이 윗사람에게 느낄 수 있는 가장 큰 감정은 '두려움'이라고 합니다. 어릴 때부터 부모님이나 선생님, 주변 어른 등 권위 있는 사람들로부터 사랑을 받아온 사람들은 윗사람에 대해 두려워하는 마음도 있지만 동시에 사랑하는 마음도 갖습니다. 두려움과 사랑, 그 두 가지를 합친 것이 바로 '경외심'이라고 할 수 있죠. 건강한 사람들은 권위자 앞에서 이 경외감을 가집니다. 그리고 자신이 권위를 가지게 되었을 때 자신을 따르는 사람들에게 사랑과 자비를 베풀기를 원합니다. 그러나 어른들로부터 사랑이나 자비를 경험해 보지 못한 사람, 두려움만을 경험한 사람들은 자기가 나중에 권위를 갖게 되었을 때, 아랫사람들이 자신에게 두려움만을 느끼길 바라게 돼요. 자신이 권위 있는 사람 앞에서 두려움만을 느끼듯이, 다른 사람들도 자신을 무서워하기만을 바랍니다. 자신을 두려워하지 않는 사람은 자신의 권위를 위협한다고 생각하며, 그들에게 그 어떤 자비도 베풀지 않아요. 사과도 용서도 없습니다. 그저 가혹한 잣대와 형벌로만 다스리려고 하죠. 결국 사람들은 그들 앞에서 그 어떤 실수도 보이지 않기 위해 전력을 다하다가 탈진하게 됩니다. 즉 상대방의 노력에 대해서 손톱만큼도 알아주지 않는 나르시시스트 앞에서 자비를 구하느라 절절매는 상태에 이르게 되는 것입니다.

네가 뭘 안다고 함부로 얘기하는 거야?

세 번째, 늘 불평불만이 가득합니다.

남들의 수고나 고생은 조금도 인정하지 않으면서, 자신은 너무도 힘들고 어렵다고 푸념하죠. 타인의 힘든 부분을 공감하지 못하고, 타인에 대한 평가에 박하며 사람들의 노력을 깎아내리지만, 자기 자신에 대해서는 아주 관대한 평가를 합니다. 자신에게는 아주 엄청난 연민을 느끼고 있습니다.

"아휴, 우리 회사에서 힘든 일은 내가 다 도맡아 하는 것 같아. 정말 하루라도 맘 편히 쉬면 소원이 없겠다."

"남들 다 하는 일 가지고 생색내기는, 나 때는 그보다 훨씬 더 했어."

네 번째, 자신의 욕심과 의지를 공동체 전체의 비전과 목표인 듯 포장합니다.

원대한 비전이랍시고 함께 나아가야 할 방향을 제시하지만, 사실은 개인의 야망과 욕심에서 비롯된 경우가 대부분이죠. 사회의 문제를 해결하여 선한 영향력을 미치려 애쓰는 좋은 리더들과는 분위기가 매우 다릅니다. 그리고 직원들이 아무리 희생하고 헌신해도 그들을 절대 충족시킬 수는 없습니다. 이 비전이라는 것을 이루기 위해 직원들의 사생활을 거리낌 없이 희생시키죠. 미래에 여러 가지 혜택들로 보상받게 될 거라 말하지만, 현재 직원들이 헌신하고 있는 것에 대한 보상은 자꾸만 미룹니다. 그 미래에 있을지 없을지도 모를 보상을 언급하며 그저 희망 고문할 뿐이에요.

"지금 이게 저만 좋자고 말하는 게 아니잖아요. 공동의 목표를 위해 희생할 일은 희생해야죠."

"열심히 한 만큼 분명히 충분한 보상을 받을 수 있을 겁니다."

상대를 짓밟고 무시함으로써 권위가 생긴다고 여기는 사람들

한 집단의 리더가 자신의 실력을 갖추고 주변 사람들과 힘을 모아 많은 문제들을 해결해 나갈 때 사람들은 자발적으로 그 리더를 따르게 됩니다. 이런 방법으로 갖게 되는 힘을 '권위'라고 합니다. 이 '권위'는 '권력'이라는 단어와는 차이가 있습니다. 권위는 실력을 통해 얻을 수 있는 일종의 설득력이라고 생각하면 됩니다. 이와 달리 권력은 그저 '사람을 지배하는 힘'을 말하죠. 권위는 없으면서 권력만 휘두르려 하는 사람들을 우리는 '폭군' 혹은 '나르시시스트'라 부릅니다. 권위는 없으면서 권위주의에 빠져서 권위 의식을 가지고 권위적으로 권력을 휘두르는 사람들이죠.

그들은 지적하고 가르치고 비난하는 것이 권위를 세우는 행동이라고 믿고 있습니다. 말씀드린 바와 같이, 정당한 권위는 실력으로부터 나오는 것인데 무식해서 이를 알지 못하는 거예요. 윗사람 앞에서는 무조건 복종하고, 아랫사람 앞에서는 무시하고 지적하고 가르치는 것이 아주 당연하다고 생각하는 사람들이죠. 가정 안에서부터 수평적인 관계를 경험해 본 적이 없으므로 사람을 만나면 무의식적으로 서열부터 정리하려고 듭니다. 비난하고 지적하고 가르치는 행위를 통해 자신이 더 우월한 존재임을 과시하고 상대방을 내리깔아서 본인이 위로 올라가고 상대방은 밑으로 내리는 식으로 서열을 정하죠. 그런 식으로 한 번 정해진 서열은 웬만해서는 바뀌지 않아요. 이들이 악해서 그런다기보다는, 힘의 논리를 따라 인간관계를 맺는 것이 훨씬 더 편하고 익숙하고 쉬운 거죠.

한편, 권력과 나르시시즘의 상관관계에 대해 오해하는 사람들이 있습니다. 어떤 사람이든지 권력을 갖기만 하면 누구나 나르시시스트가 된다고 생각하는 사람들이 있어요. 그런데 그것은 사실이 아닙니다. 이런 말이 있습니다.

네가 뭘 안다고 함부로 얘기하는 거야?

*"술이 사람을 못된 놈으로 만드는 것이 아니라, 그 사람
이 원래 못된 놈이란 걸 술이 밝혀준다."*

권력 또한 마찬가지입니다. 애초에 인격에 문제가 많
았던 사람이 권력을 가질 때 문제가 크게 드러난다고 할
수 있어요. 원래부터 힘의 논리에 따라 살던 사람이 권력
을 가지면, 이제 더 이상 자신이 약자일 필요가 없다고 생
각하게 되죠. 그리하여 권력자 나르시시스트로서의 모습
을 드러내기 시작하는 거죠. 애초에 선한 마음을 가진 사
람들이 권력을 가지게 되면 이들과는 다르게 행동합니다.
선한 사람들은 대체로 실력을 기반으로 권위를 얻고 권력
을 갖게 되는데, 그렇게 얻은 권력을 가지고 세상을 좀 더
나은 곳으로 만드는 데에 사용합니다. 따라서 이들을 통해
긍정적인 영향이 사회에 드러나게 되는 거예요. 그런데 한
가지 안타까운 것은, 주변의 악한 사람들이 이들을 가만히
놔두지 않는다는 겁니다. 자신의 권력을 위협하는 아주 위
험한 존재라는 판단하에 선한 권력자들을 나르시시스트

취급하며 사실을 왜곡하고 악한 소문을 만들어 퍼뜨리기 시작해요. 이것은 나르시시스트 권력자들이 자신의 권력을 유지하기 위한 매우 편한 방법이라 볼 수 있습니다.

권력에 대해 왜곡된 시각을 가진 나르시시스트들

한번 생각해 볼까요? 당신이 어떤 나르시시스트로부터 교묘하게 괴롭힘을 당했고 학대를 받아왔다고 가정해 보죠. 당신은 그 사람으로부터 정신적, 육체적, 그리고 경제적으로 학대를 받아왔습니다. 이럴 때 당신의 억울함을 해결하고 나를 괴롭힌 그에게 정당한 대가를 치르게 하기 위해 필요한 것은 무엇일까요? 그보다 더 강한 사람이 있어야겠죠. 즉, 그 나르시시스트보다 권력이 있는 강한 사람 말이죠. 그 큰 권력을 가진 사람이 상황을 정의롭게 판단하고, 피해자인 당신을 보호해야 할 겁니다. 그리고 나르시시스트에게 적절한 처벌이 뒤따라야 질서는 제대로 잡힐 거예요. 나르시시스트들은 대화나 소통으로는 설득할 수 없고 오로지 '두려움'으로 움직이는 자들이니까요. 권력이 이런 식으로 작용한다면 그 권력은 긍정적인 것이겠죠.

그러나 만일 권력자가 공정하지 못한 사람이라면 어떻게 될까요. 예를 들어 돈만 밝히는 아주 탐욕스러운 사람이라고 생각해 보죠. 그리고 하필 그 나르시시스트와 금전적인 관계로 얽혀있고, 자신의 이익을 위해 당신을 괴롭힌 나르시시스트를 제대로 징계하지도 않고 오히려 두둔한다면 아마 피해자인 당신은 굉장히 억울한 상황에 놓일 수밖에 없을 거예요. 더 나아가 당신을 갈등의 원인으로 낙인찍어 문제아 취급을 하고, 정의를 수호한다는 명목으로 당신을 사회에서 매장하려 든다면 어떻게 될까요? 공정함은커녕 오로지 자신의 돈, 권력, 쾌락만을 위해 모든 것을 결정하는 이 권력자 때문에, 당신은 아마 더 이상 세상을 믿지 못하게 될 겁니다. 아마 당신도 이 더러운 세상에서 제대로 살기 위해서는 나르시시스트가 되는 수밖에 없겠다며 당신을 괴롭힌 그 나르시시스트와 똑같은 사람이 되기 위해 노력하겠죠. 나르시시즘이 무서운 건 이런 이유입니다. 점점 더 안 좋은 쪽으로 세상을 물들이고 퍼뜨려 나갈 테니까요.

오늘날 많은 나르시시스트 권력자들 때문에 우리는 '세상에 대한 신뢰'를 잃어가고 있습니다. 멀리 갈 필요도 없어요. 한 가정 안에서 아이들을 편애하는 부모의 모습 속에서도 이런 모습은 흔하죠. 나르시시스트 부모는 늘 자식들을 편애합니다. 늘 사랑받고 특별 대우받는 골든차일드 자녀가 있고, 늘 무시당하고 괴롭힘당하는 스케이프고트 (희생양) 자녀가 있어요. 골든차일드는 큰 잘못을 저질러도 별 징계를 받지 않고 늘 특별대우 받으며, 스케이프고트는 아무리 착하고 공부를 열심히 하고 상을 많이 타와도 칭찬 한마디 못 받고 항상 못난이 취급받죠. 한 가정 안에서 부모가 권력을 잘못 사용하는 경우입니다.

부모가 이렇게 자녀를 공정하게 대하지 못할 경우, 아이들은 세상을 불공정한 곳으로 인식할 수밖에 없겠죠. 어린 아이에게 부모란 온 세상을 의미하니까요. 엄밀하게 말하면, 골든차일드나 스케이프고트나 제대로 된 공정한 기준을 배우지 못했다는 면에서 둘 다 학대받았다고 볼 수 있습니다. 비뚤어진 시각으로 세상을 살아 나가야 하니 둘 다 세상살이가 힘들긴 매한가지인 거죠. 사회에서조차 제대로 된 기준을 배우지 못한 경우, 아주 자연스럽게, 이런 각박한 세상을 살기 위해 남을 속이고 빼앗는 것은 어쩔 수 없다는 생각을 갖게 됩니다. 그렇게 부당한 방법으로만 권력을 얻을 수 있다는 생각으로 이들은 온갖 편법과 불법을 양심 없이 넘나들게 되고요.

그리고 당연히, 권력에 대해 아주 많이 왜곡된 시각을 가지겠죠. 권력자는 무조건 나쁜 놈, 탐욕과 범죄의 온상이라 여기며 피해의식을 갖고 살아가거나, 또는 나중에 자라나서 혹시라도 자기 자신이 권력을 갖게 되었을 때, 그

175

권력을 어떻게 써야 하는지 잘 모르는 거예요. 공정하지 못한 판단으로 타인을 괴롭히며 부모의 전철을 그대로 밟게 되는 겁니다. 만일 어떤 계기를 통해 기적처럼 자기 자신을 성찰하는 지식을 갖추게 된다면 완전히 다른 삶을 살 수 있어요. 그렇지만, 그전까지는 왜곡된 생각과 가치관을 갖고 주변 사람들을 괴롭히며 살 수밖에 없습니다.

권력 자체가 나쁜 것이 아니라, 이 권력이 누구의 손에 들어가느냐가 중요합니다. 공정한 부모가 있어야 정의로운 분위기 속에서 아이들이 자라날 수 있듯이, 공정한 사람이 권력자가 되어야 사회 구성원들은 공정한 사회 분위기 속에서 살게 된다는 거죠. 그래야 다른 사람들도 실력을 통해 공정한 방식으로 권력을 얻고 사회의 공정한 질서를 잡아가는 '바른 권력자'들로 계속해서 양성될 수 있겠죠.

권력을 제대로 다루는 법

경제학자인 슘페터Schumpeter, Joseph는 이렇게 말했습니다.

"대중이 시장 경제를 이해한다는 것은 정신적 묘기처럼 어려운 일이다."

교육받지 않으면 지구가 평평하다고 믿기 쉽고 태양이 지구를 돈다고 믿기 쉽습니다. 지구가 평평하고 태양이 지구를 돈다고 누가 그렇게 믿냐고 하실 수도 있지만, 인간관계를 한번 넓게 맺어보면, 실제로 이런 사람들을 만날 수 있게 되실 거예요. 사람들은 배우지 않으면 뭘 믿어야 하는지를 모르게 됩니다. 우리의 본능과 직관에만 따라서 눈에 보이는 것만 믿게 되죠. 태양을 중심으로 지구가 돌고 있다는 걸 무슨 수로 스스로 깨닫겠어요? 그래서 인간은 누구나 배워야 하고 최소한의 '지성'을 갖추어야 합니다.

나르시시스트 정치가들은 정치, 경제, 사회, 문화의 복잡한 원리에 무지한 투표자의 표를 얻기 위해 그저 듣기 좋고 겉보기에 선해 보이는 논리를 펼칩니다. 그 정치를 폈을 때 나라가 어떻게 될지는 안중에 없습니다. 그저 권력만 얻을 수 있다면 나라가 망해도 상관없는 사람들입니다. 과학자들과 각 분야 전문가의 쓴소리는 전부 무시당하고, 그저 대중에게 인기 있는 메시지, 권력을 얻는 데에 유리한 정책들만 선한 말로 포장되어 시행됩니다. 그렇게 해서 부정적 결과가 나오면 어떻게 되나요? 이들이 책임을 질까요? 아니죠. 이제 나르시시스트 권력자는 국민의 시야를 다른 곳으로 돌립니다. 온 국민의 비난을 한 몸에 받아낼 희생양을 만들어 국민의 시선을 돌려 버려요. 그렇게 책임에서 벗어나는 거죠. 이런 식으로 국민은 가스라이팅을 당합니다. 마치 나르시시스트 부모가 자녀를 끊임없이 깎아내리고 희생시키면서도, "이게 다 널 위해서야."라고 말하는 것과 같은 방식입니다.

네가 뭘 안다고 함부로 얘기하는 거야?

사회에서, 직장에서, 학교에서, 가정에서 이 나르시시즘에 대한 지식이 필요한 이유가 바로 여기에 있습니다. 나르시시스트들은 끊임없이 권력을 갈구하고 남을 지배하고 통제하기를 원합니다. 평범하고 소소한 것으로 절대 만족하지 못해요. 그런데 이 나르시시스트들에게 잘 당하는 사람들은 어떤가요. 우리가 에코이스트Echoist라고 부르는, 나르시시스트와 완전히 반대의 성향을 보이는 사람들 말이에요. 이들은 평범하고 소소한 것으로 만족하는, 이름 없는 삶을 참 좋아합니다. 거짓을 싫어하고 진실을 말하기 좋아하는데, 권력을 잡는 데에는 관심이 거의 없는 사람들이에요. 그러나, 그렇다고 해서, 내가 권력을 잡는 데에 관심이 없다고 해서 나르시시스트들이 다 권력을 잡고 세상을 망가뜨리도록 놔두기만 해야 할까요? 사람들의 평범한 삶, 소중한 일상을 지키기 위해 나르시시스트가 아닌 선한 사람들, 진실을 말하는 사람들이 리더의 자리에 서야 하지 않을까요?

정말 아이러니하죠. 권력을 갈구하는 사람들은 오히려 권력을 내려놓아야 하고, 권력에 관심이 없는 사람들이 오히려 권력을 가져야 사회에는 질서가 잡힙니다. 에코이스트가 평범함을 갈구하고 영향력 끼치기를 포기할수록, 나르시시스트 리더들이 권력을 잡을 기회가 많아지고, 사람들의 평범하고 소소한 삶은 침해받을 수밖에 없다는 것을 기억하셨으면 좋겠어요. 여러분의 상처가 잘 치유되고 몸과 마음이 건강해졌을 때, 이 사회를 위해 내가 어떤 분야에서 지도자가 될 수 있을지 꼭 한번 생각해 보셨으면 합니다. 여러분 주변에 있는 사람들이 여러분을 통해 부디 공정한 사회를 경험할 수 있도록 말이에요.

8장

별것도 아닌 걸 가지고
트집 잡지 마

: 자기성찰이 불가능한 거짓말쟁이

"우리는 필연적으로 사랑하는 사람들을 아프게 한다. 사랑하는 사람들과
행복한 관계를 맺는 열쇠는 완벽해지는 것이 아니라 실수했을 때 인정할
용기를 갖는 것이다."

- 크레이그 말킨Craig Malkin

그냥 잘못했다고 하면 되는데, 그 사람은 절대 자기 잘못을 인정하지 않아요. 온갖 말도 안 되는 이유를 다 갖다 만들어 붙여서 제 탓으로 돌리는데, 정말 사람을 미치게 만들어요. 도대체 왜 그러는 걸까요? 그냥 미안하다 잘못했다 한마디면 되는데….

지은 영준 씨는 왜 여행 내내 날 안 챙기고 다른 여자들을 자꾸 챙겨? 난 계속 뒤에 서서 혼자 따라다녔다고.

영준 무슨 소리야? 내가 너 얼마나 많이 챙겼는데, 기억이 안 나?

지은 많이 챙겨줬다고? 나는 뒤에서 혼자 쫓아다니기만 하고, 그래서 계속 서운했단 말이야.

영준 하하 지은아… 너 원래 기억을 잘 못하잖아. 이번에도 너 혼자 착각했을 수 있어. 잘 생각해 봐.

지은 아니 영준 씨, 내 기억이 맞아. 서정이가 옆에서 묻더라, 둘이 싸웠냐고.

영준 지은아, 내 눈 똑바로 보고 말해봐. 나는 계속 너 신경 썼어. 네가 착각한 거라고. 나보다 친구들 말이 더 중요한 거야? 그리고 너 지금 별것도 아닌 걸로 트집 잡고 있어. 그런 식으로 사람 자꾸 불편하게 만드는 거, 그거 정상적인 행동 아니야.

영준 씨는 종종 지은 씨가 하는 말을 완전히 부정해 버립니다. 지은 씨가 하는 말이 옳을 수도 있다는 가능성은 생각조차 하지 않아요. 특히 지은 씨가 영준 씨에게 실망하거나 불만을 느낀 것에 관해 이야기할 때면 무조건 그런 식으로 반응하죠. 자신은 전혀 그런 적이 없다고, 네 기억이 잘못된 거라고 아주 태연한 표정과 확신에 찬 말투로 목소리를 높입니다. 그럴수록 지은 씨는 자신이 보고 듣고 경험한 것을 자세히 설명해 주려 합니다. 정말 그런 일이 있었다고, 내가 분명히 보고 듣고 느꼈다고, 그래서 내가 아주 서운했다고 사실을 있는 그대로 말해 보지만, 영준 씨는 절대 지은 씨의 말을 인정하지 않습니다. 대화가 길어질수록 아무것도 해결되지 않고, 오히려 문제를 더 키우고 있다는 생각에 결국 지은 씨는 이야기를 중단하고 말죠. '내가 오해하고 착각한 거겠지. 내가 너무 예민한 거겠지.'라고 자신을 탓하면서 말이에요.

자기 성찰이 불가능한 사람들

나르시시스트는 자기가 잘못된 행동을 해서 상대방으로부터 지적받았을 때, 자기 잘못을 절대 인정하지 않습니다. 심지어 모든 문제의 원인은 상대방에게 있다고 말하고 싶어 하죠. 자기 잘못으로 인해 상처받아 힘들어하는 상대에게 오히려 그 생각이 잘못됐다고 말합니다. 그러면서 자기 행동에는 다 그만한 이유가 있었으며, 상대방이 모르는 깊은 뜻이 있었다고 주장해요. 이들은 절대 자기 잘못을 인정하지 않습니다. 거짓말을 만들어 내서라도 끝까지 자신의 결백을 증명하려 하죠. 이런 나르시시스트들이 만만한 사람들 앞에서는 절대 하지 않는 말들이 있습니다.

"내가 정말 잘못한 것 같아."
"널 힘들게 해서 미안해."
"내가 생각이 짧았어. 앞으로는 주의할게."

이렇게 말하면 문제가 쉽게 해결될 수 있는 상황에도, 절대 이런 말을 하지 않아요. 자신을 돌아보기는커녕, 오히려 상대방을 대역죄인처럼 몰고 가는 일이 비일비재합니다. 별것도 아닌 걸로 트집을 잡는다는 둥, 넌 항상 이런 식이었다는 둥, 너는 고집이 너무 세다는 등의 말들로 어떻게든 상대방에게 잘못이 있다고 몰아가죠. 상대방이 사악한 의도로 자신에게 문제를 덮어씌운다는 식으로 말하기도 하고, 사실을 왜곡하여 자신의 잘못된 행동을 '미화'시킬 때도 있습니다.

앞에 이야기에서 지은 씨는 자신을 소홀히 대한 남자친

구에게 서운함을 표현합니다. 그렇지만 영준 씨는 지은 씨가 사실을 잘못 인식하고 있다고 말하죠. 있지도 않은 사실로 자신을 트집 잡고 있다고 주장합니다. 그러나 정말 그럴까요? 대화를 찬찬히 들여다보면 아시겠지만, 지은 씨는 지금 영준 씨를 트집 잡은 게 아닙니다. 서운했던 부분에 대해 사과받고, 이를 통해 부정적인 감정을 해소함으로써 다시 좋은 관계로 나아가고 싶었던 거예요. 직면한 문제를 잘 풀어내고 더 좋은 관계로 나아가기 위해 대화를 시도한 거였죠.

그러나 영준 씨는 지은 씨의 의도를 완전히 반대로 해석합니다. 마치 자신에 대한 공격처럼 받아들이고 방어적인 태도로 일관합니다. 건강한 사람이라면 연인으로부터 지적받았을 때, 내가 혹시 소홀한 순간이 있었는지를 한 번쯤은 되돌아볼 거예요. 그러나 영준 씨는 단 한 순간도, 지은 씨의 말을 진중하게 받아들이지 않습니다. 자신의 말보다 친구들의 말을 더 믿는다며, 자신을 신뢰하지 못한다고 오히려 지은 씨를 원망하죠. 그런 식으로 지은 씨에게 죄책감을 안겨 줍니다. 지은 씨가 지금 사람을 불편하게 만들고 있고, 그것이 정상적인 행동이 아니라는 말로, 문제의 원인이 지은 씨에게 있다는 결론을 내버리죠. 자신의 잘못을 인정하지 않는 데서 끝나는 것이 아니라 상대방에게 책임을 전가하는 거예요. 이런 사람들은, 실제로 어떤 일이 일어났으며 진실이 무엇인지에는 관심이 없습니다. 그저 대화에서 이기는 것만 중요할 뿐입니다.

나르시시스트들은 타인에게 책임을 전가함으로써, 자신이 이길 수 있다고 생각합니다. 책임을 상대에게 전가할 수만 있다면 무슨 짓이든 할 수 있는 사람들입니다. 그러기 위해 거짓말도 서슴지 않습니다. 자신이 저지른 잘못을 상대에게 떠넘기기 위해, 상대방이 얼마나 문제가 많은 인간인지를 증명하려 들죠. "네가 평소에 이렇게 문제가 많았으니 이번 일도 네 잘못으로 인해 일어난 일이야."라고 말하고 싶어 하죠. 상대방이 아무리 진실을 이야기하고 논리적으로 상황을 설명해도, 단 한마디도 수용하려 들지 않아요. 무조건 상대방의 말이 틀렸다며 반박하고 또 반박할 뿐입니다. 인과관계가 맞지 않고 논리에서 벗어난 말들도 아무렇지 않게 해대고, 지금 하는 대화와 전혀 상관없는 이야기를 끌어와 갖다 붙이고, 앞뒤 안 맞는 말들을 계속해서 늘어놓으면서, 자신이 세상에서 가장 논리적인 사람이라도 된다는 듯 매우 자신 있는 자세와 말투로 단호하게 주장을 펼쳐 나갑니다. 그로 인해 갈등이 풀리기는커녕, 대화는 점점 산으로 가고, 문제는 더더욱 악화될 뿐이죠. 이때 인간관계를 매우 중시하는 사람들은 다음과 같이 생각합니다.

'누가 옳고 누가 그른지가 뭐가 그렇게 중요해. 관계가 중요하고 소통이 중요한 거지. 문제가 걷잡을 수 없이 더 커지기 전에 그냥 내가 양보하자. 사과 한마디 하는 게 그렇게 힘든 것도 아니고, 내가 잘못한 건 없지만, 이 지루한 공방을 끝내기 위해서는 그냥 내가 잘못했다고 말하고 끝

별것도 아닌 걸 가지고 트집 잡지 마

내는 게 나아.'

그리하여 서로 더 흉한 모습 보이기 전에 좋게 끝내자
는 생각으로, 배려하는 마음으로 상대방은 먼저 사과의 손
길을 내밀게 되죠. 그러면 나르시시스트는 상대방의 이런
모습을 보면서 어떻게 생각할까요? 상대방이 자신을 배려
해서 사과한다고 생각할까요? 절대 그렇지 않습니다. 다음
과 같이 생각할 뿐입니다.

'드디어 상대방이 백기를 들었구나, 이 싸움도 내가 이
겼구나.'
'그러면 그렇지, 넌 날 절대 못 이겨. 내가 너보다 백배
는 더 똑똑하다고.'

상대방보다 더 똑똑하고 유능하고 유식한 사람으로 보
이고 싶어서, 관계에서 승자의 자리, 리더의 자리, 지배자
의 자리를 차지하기 위해 그들은 자신을 사랑해 주는 사람

과의 관계를 이런 식으로 대합니다. 그들의 머릿속에는 늘 승자와 패자밖에 없어요.

거짓말을 잘할수록 똑똑하다 여기는 사람들

고등학생 아들에게서 담배 냄새가 나는 것 같아 엄마가 이렇게 물었습니다. "너 혹시 담배 피우는 거 아니니?" 그러자 아들은 정말 어이가 없다는 표정을 지으면서, 이렇게 말했어요. "내가 바보예요?" 그 말투와 표정이 정말로 흡연을 경멸하는 것처럼 보여서 엄마는 그냥 아이의 말을 믿었습니다. 그런데 그로부터 얼마 후 이 아이는 자신이 다니던 학교에서 총기를 난사해 수많은 학생을 죽이고 다치게 했으며, 자기 자신도 죽음을 선택합니다. 바로 1999년에 일어난 컬럼바인 총격 사건의 가해자 이야기입니다.

총격 사건 이후, 학생의 방에서 담배가 발견됐는데, 그

제야 이 엄마는 아이가 서슴없이 거짓말을 잘하는 아이였음을 뒤늦게 깨닫게 됩니다. 이 아이는 이런 식의 거짓말로 부모님을 속이면서 담배는 물론 총기까지 구매하며 범죄를 저지른 것이었죠. 엄마가 아이의 말을 믿지 않고 의심하고 증거를 찾아내려고 했다면 어땠을까요? 어쩌면 더 큰 일을 저지르기 전에 그 싹을 잘라낼 수 있었을지도 모를 일입니다.

나르시시스트들이 가장 쉽게 상대방을 속일 방법이 있는데 바로, '잡아떼기'입니다. 무조건 잡아떼는 거예요. 이 총기 난사 사건의 가해자처럼, 실제로는 본인이 담배를 피우고 있으면서 그것을 의심하는 엄마에게, "나를 담배나 피우는 바보로 취급하는 거냐?"라고 묻는 겁니다. 이렇게 하면 '아아, 이 아이는 담배 피우는 사람을 바보라고 생각하고 있으니 절대 담배를 피지 않겠구나!'라고, 안심하게 되죠. 그래서 더 이상 의심받지 않을 거라는, 철저한 계산하에 연기를 하는 것입니다.

나르시시스트가 잡아뗄 때는 그 태도와 표정, 말투나 말의 내용이 태연해도 그렇게 태연할 수가 없습니다. 비슷한 예로, 한 사람이 배우자가 바람을 피우는 거 같은 의심이 들어서 혹시 바람피우는 거 아니냐고 배우자에게 묻습니다. 그러자 배우자는, 어떻게 나를 그런 '천하에 망할 놈' 취급하냐고 화를 내죠. 실제로는 바람을 피우고 있으므로 자기 자신을 천하의 망할 놈이라고 시인하는 셈인데도 그런 식으로 태연하게 연기를 합니다. 정말 교활한 방식으로 딱 잡아떼는 거죠. 이럴 땐, 순진하게 그 말을 믿을 게 아니라, 조용히 증거를 찾아 나서는 게 맞겠죠. 이렇게 생각하셔야 합니다.

'교활한 녀석, 내가 바보인 줄 알아? 그 말을 믿으라고?'

나르시시스트에게 잘 당하는 사람들인 에코이스트들은 정말 수천 번을 속으로 되뇌어야 하는 말이에요. '이런 식으로 나를 속이려 들다니, 나쁜 녀석!'이라고 생각할 줄 알아야 합니다. 사람을 의심할 줄 알아야 한다는 거예요. 상대방이 정말 잘못했는지 아닌지는 그 사람의 말로 판단할 게 아니라 증거를 찾아내야 한다는 거죠. 물론 우리가 사람들을 믿어주고 덮어줘야 할 때도 있습니다. 그렇지만 우리를 속여서 이용하고 양심의 가책은커녕 상대를 속이는 만큼 더 즐거워하는 사람들이 분명히 있으므로 상황판단을 잘해서 대처할 필요가 있죠. 늘 모든 사람을 다 의심하면 안 되지만, 때로는 의심하고 직접 증거를 찾아 나가야 할 때가 있는 거죠.

그런데 여기서 또 한 가지 문제가 있습니다. 나르시시스트들은 증거가 있어도 끝까지 잡아뗄 수 있다는 사실입니다. 사실이 빤히 밝혀진 후에도 아니라고 잡아뗄 수 있어요. 핸드폰에 바람을 피운 증거를 눈앞에 들이밀더라도, "왜 남의 핸드폰을 들여다봐? 그거 사생활 침해야!"라면서 계속해서 자기 잘못이 없는 것처럼 잡아뗴고 상대방을 공격하는 데 몰두합니다. 사람들 앞에서 사실이 다 밝혀지고 증거가 나와도 이들은 계속해서 자기 잘못을 부인하고 잡아뗄 수 있는 사람들이에요. 물론 나르시시즘의 강도에 따라, 그리고 처한 상황에 따라 반응이 달라질 수는 있죠. 그렇지만 기본적으로 이들은 진실과 거짓을 판단하는 기준이랄 것이 없습니다. 이들의 유일한 기준은 바로 자기 자신의 일관성 없는 생각과 감정일 뿐이에요. '진실이 어떻든 상관없이 내가 옳다면 그게 옳은 것이고 아니라면 거짓인 거다.'라는 것이 그들의 기준입니다.

아무리 사랑해도 의심할 수 있어야 하는 이유

수많은 심리 전문가들은 이렇게 이야기합니다. 완벽한 사람은 없으며 사람들은 다 연약하고 상처받기 쉬운 존재들이라고 말이죠. 우리 대부분은 다 결핍이 있고 부족한 점이 있습니다. 그러므로 우리는 늘 결핍을 인정하고 더 나아지려고 노력해야 합니다. 하지만 나르시시스트들은 이 사실을 제대로 인식하지 못합니다. '모든 사람이 완벽하지 않다'라는 이 한 가지 단순한 사실을 전혀 인정하지 못합니다. 자신의 불완전한 부분을 인정하면 지는 것이라 생각하기 때문입니다. 자신의 흠이나 잘못이 드러나는 순간, 주변 사람들로부터 무시당하고 이용당하기만 할 거라고 믿습니다. 따라서 나르시시스트들은 자신이 사과해야 할 시점에 필사적으로 자기 잘못을 합리화시키고, 상대방을 가스라이팅하려 들죠.

물론 그들도 학교나 사회에서의 경험과 교육을 통해 '반성'이 무엇인지 '자기 성찰'이 무슨 뜻인지는 배운 적이 있을 거예요. 그렇지만 현실 속에서 오랜 기간 직접 경험해 본 적이 없고 또 이들은 자신이 그렇게 행동했을 때 좋은 결과를 얻은 적이 없다고 믿습니다. 이들이 반성하는 모습을 보일 때마다 문제가 풀리기는커녕, 더더욱 약점이 잡히고 이용만 당하는 상황을 반복해서 겪었다 믿을 겁니다. 그러므로 '반성'이나 '자기 성찰'에 대한 이야기를 들을 때마다 이를 현실적인 개념으로 받아들이지 못합니다. 그저 판타지 소설 속에 나오는 마법 주문처럼 알고 있을 뿐이죠. 사람들은 반성을 좋은 것이라 말하지만, 이들은 자기 경험을 되돌아봤을 때 이 '반성'이란 것을 할수록 문제가 악화할 뿐이라고 생각했을 테니까요. 반성이라는 개념을 학습했을 뿐, 실제로 자기 삶에 적용하지는 못하는 거죠.

전문가들의 말에 따르면, 정신분석을 통해 이루고자 하는 것이 결국 '자기를 성찰하는 힘', 즉 '지성'을 기르는 것이라고 합니다. 정신적으로 건강한 사람들은 자신의 결점이나 흠이 사람들 앞에서 드러났을 때, 인정할 부분은 인정하고 사과할 부분은 사과하고 넘어갈 수 있습니다. 그러나 나르시시스트라고 불리는 이들은 그렇게 하지 못합니다. 어떻게든 사과하지 않고 자기 잘못을 합리화시키는 데에 몰두해요. 그 상황에 어떤 말을 꾸며내는 것이 자신에게 유리한지, 어떻게 하면 상대를 최대한 교묘하게 속일 수 있을지 골몰합니다. 자기 잘못을 인정하고 사과하는 일은 거의 없습니다.

물론, "나르시시스트들은 무조건 사과를 안 한다, 사과하는 사람은 나르시시스트가 아니다."라는 식으로 간단하게 말할 수 있는 문제는 아닙니다. 때로 거짓 사과를 이용해 사람들을 농락하기도 하거든요. 하지만 한 가지 확실한 건 이들은 사과하기를 무척 싫어한다는 것입니다. '자기를 성찰하는 힘'이 없으므로 일어나는 일입니다. 그래서 이들이 무서운 거죠. 일부러 괴롭힌다기보다 무의식적으로 괴롭히는 경우가 많으므로. 어떻게 해서든 자신을 미화시키고 상대방을 깎아내려서 이겨야만 만족하는데, 스스로 자신이 어떤 행동을 하고 있는지 인식조차 못 하고 있으니, 우리가 무슨 말을 한들 그들이 인정하겠습니까. 자기 잘못을 인식조차 못 하는 사람에게 문제 해결을 기대할 수는 없습니다.

9장

나는 너 없으면 안 돼

: 헤어진 이후에도 자꾸만 다시 나타나는 연인

"만일 인생을 살다가 역경을 만났는데 거기서 아무것도 배우지 못한다면,
그 역경은 형벌이다. 하지만 역경을 통해서 무엇이든 배운다면, 그 역경은
수업료일 뿐이다."

- 필 맥그로Phil McGraw

이제는 안 그럴 거라고, 예전의 내가 아니라고, 앞으로는 많은 것이 달라질 거라고 말했어요. 그러면서 저에게 다시 만나자고 했죠. 집에도 직장에도 자꾸 찾아와 사정사정하길래 그래도 기회를 한 번 더 주는 것이 맞지 않나 싶어 다시 만나게 되었어요. 그런데 얼마 지나지 않아 다시 똑같아지더라고요. 바람을 피우고는 그런 적이 없다고 거짓말을 하고, 증거를 보여주니 제 탓을 하고… 그래서 다시 헤어지기로 결심했어요. 더는 안될 것 같더라고요. 나중에 알고 봤더니 제 주변 사람들에게는 제가 성격이 이상하고 집착이 심하다며 욕을 엄청나게 하고 다녔더군요.

석민   내가 정말 잘못했어. 다시는 그런 일 없을 거야.

은설   …저번에도 그렇게 말했잖아. 이제 우리 정말 끝내자.

석민   너 나 알잖아. 난 너 없으면 안 돼. 제발 한 번만 더 기
       회를 줘. 다신 안 그럴게. 그리고 나 이제 예전의 내가
       아니야. 네 덕분에 내 문제가 뭔지 드디어 알게 되었
       다고.

은설   그만하자. 이제 나도 지쳐.

석민   너 정말 이럴 거야? 나 죽는 꼴 보고 싶어서 그래? 나
       너희 집 앞이야. 너 나올 때까지 꼼짝도 안 하고 기다
       릴 거야. 너 안 나오면 나 어떻게 될지 몰라. 어차피 너
       없으면 난 살 이유가 없으니까.

은설 씨는 마음이 착잡합니다. 지난번 이별할 때도 이번과 같았기 때문이죠. 이번에는 절대 봐주지 않고 확실하게 이별하겠다고 마음먹었었지만, 석민 씨가 이렇게까지 호소하는 것을 보면 '드디어 변하려고 하는 걸까? 날 더 존중하고 아껴주려고 애쓰는 것 같아. 한 번만 더 믿어 보는 게 어떨까?' 같은 생각으로 마음이 약해집니다. 이렇게까지 간절히 붙잡는데, 단호하게 이별을 고하는 것은 너무 비정하다는 생각이 드는 거죠.

필요할 때마다 꺼내 쓰는 소지품처럼
사람을 대한다

후버링Hoovering이라는 말을 들어본 적 있으신가요? 후버hoover란 원래 유명한 진공청소기 회사 이름이었는데요, 나르시시스트가 이별 후 피해자를 먼지처럼 다시 빨아들인다는 의미에서 붙여진 심리학 용어입니다. 피해자를 먼지처럼 가치 없는 존재로 취급한다는 의미도 있다고 해요.

이 후버링은, 나르시시스트와 가까운 관계를 맺고 그에게 피해를 보던 사람이 관계를 끊고 멀리 떠났을 때 이뤄집니다. 나르시시스트가 틈날 때마다 피해자에게 연락해서 다시 만나려고 계속 시도하는 것을 말합니다. 피해자는 여러 번 피해를 본 경험이 있음에도 불구하고, 나르시시스트가 워낙 심리를 잘 흔들고 움직이기 때문에 설득당해서 다시 만나게 되죠. 그렇게 다시 만나 한동안은 아주 잘해주다가 나르시시스트는 갑자기 어느 순간 돌변해서 지난

나는 너 없으면 안 돼

날 자신을 버리고 떠났었던 것을 언급하면서 그 피해자에게 보복한다거나 더 심하게 고통을 안겨주는 상황이 벌어지게 됩니다.

후버링은 사람을 자신의 이용 대상으로 보는 나르시시스트의 습성이 아주 잘 나타나는 심리 조종 기술입니다. 이들은 연인이 자신보다 열등하다고, 자신보다 서열상 아래라고 생각하면서 상대방의 모든 감정이나 생각, 의견을 다 무시해 버리죠. 그저 자기 이익을 위한 이용 도구로만 생각합니다. 따라서 상대방의 의사와 상관없이, 이별 후에도 언제나 필요할 때마다 상대방을 만나서 이용할 수 있다고 여깁니다. 자신의 소지품처럼 필요할 때마다 꺼내 쓸 수 있다고 믿는 거죠. 상대방이 어떤 감정을 느끼고 어떤 상황에 놓여있건 상관없이 무슨 거짓말을 해서라도 다시 자신의 곁에 오게 해서 자신의 감정을 해결하게 만듭니다. 자신의 외로움과 공허함을 채우게 만들고, 자신의 모든 부정적인 감정을 다 떠안게 만드는 거예요.

나르시시스트들은 외로움을 견디지 못하기 때문에, 피해자와 이별 후에 또 다른 피해자를 만들기 전까지 혹은 다른 사람들과 만났다 헤어졌다 하면서 만남의 빈틈이 생길 때마다 이 '후버링'을 시전합니다. 매번 새로운 사람을 만나기가 쉽지는 않고 피해자를 어떻게 하면 설득할 수 있는지 그 방법을 너무 잘 알기 때문이죠. 공감 능력이 뛰어나고 남을 돕는 것과 문제 해결하기를 좋아하는 이 피해자를 다시 설득해서 돌아오게 하는 일은 사실 그들에게는 별로 어려운 일이 아닙니다. 문자나 SNS를 이용해서 예전의 좋았던 추억이 담긴 사진을 보낸다거나 카톡 프로필 사진이나 상태 메시지, 또 인스타그램이나 페이스북을 이용해서 공개적으로 자신에게 무슨 큰 어려움이 생긴 것처럼 가장한다거나 주변 사람들을 자기편으로 만든 후 그들을 이용해서 자기 대신 상대방을 설득하게 만드는 식이죠. 또는 상대방에게 연락해서 다음과 같은 말을 하기도 합니다.

"내가 뭘 잘못했는지 이제는 알 것 같아. 예전엔 몰랐는

나는 너 없으면 안 돼

데 네가 없으니까 네 소중함을 이제야 알겠어. 지금 상담도 받고 있고 나는 예전과는 완전히 다른 사람이 됐어. 너한테 정말 잘해주면서 잘못했던 걸 만회하고 싶어."

어떠세요? 아주 기가 막힌 표현 아닌가요? 나르시시스트는 이런 식으로 여러분을 설득합니다. "네 덕분에 내가 이렇게 달라질 수 있었어."라면서 당신에게 감동을 줄 수도 있어요. 악어의 눈물 아시죠? 이처럼 이들은 가짜 눈물을 흘리며 사람 마음을 흔들어 댈 수도 있습니다. 갑자기 여러분을 걱정해 준다든지 동정심을 유발하죠.

아니면 반대로 상대를 위협이나 공격할 수도 있습니다. 예를 들어서, "네가 다시 돌아오지 않으면 극단적인 선택을 하겠다."라는 말을 할 수도 있죠. 그게 거짓말이라는 걸 빨리 알아차리셔야 해요. '나 때문에 저 사람이 잘못되는 건 아닐까?'하고 걱정하는 그 마음을 이용하니까요. 그들의 말을 무시하고 못 들은 척할 수 있어야 해요. 이들 앞에서는 냉정하고 차가워져야 합니다. 그리고 생각해 보세요. 누군가가 자기 곁에 없다고 해서 극단적인 생각을 한다면 그건 정상적인 심리가 아닌 거예요. 아무튼 이들이 하는 그 어떤 말도 다 거짓말이니 절대로 답장도 연락도 하시면 안 됩니다. 그들의 말에 속아서 다시 만났다가 이전보다 더 심하게 된통 당하고 후회하는 사람들이 많기 때문입니다.

이런 말을 들었다면, 조심하세요

이 외에도, 나르시시스트들이 후버링하기 위해 자주 사용하는 말들이 있습니다. 지금부터 세 가지로 정리해 말씀드릴 텐데요. 물론 주의할 점이 있습니다. 이런 말을 한다고 해서 무조건 후버링은 아니라는 것입니다. 각각의 말들에 담긴 의미에 대해 구체적으로 설명해 놓았으니, 설명까지 다 읽어본 후 판단해 보셨으면 좋겠어요.

첫 번째, "너는 정말 좋은 사람이야." "나는 너보다 좋은 사람을 만날 수 없을 거야."

당신이 늘 듣고 싶어 하던 이야기, 그러나 평소에는 절대 해주지 않았던 이야기들을 하기 시작합니다. 헤어지기 전에는 그렇게 냉담했지만, 그때와는 완전히 달라진 모습을 보여 줄 거예요. "나는 달라졌어. 많이 반성했고, 너만 한 사람이 없더라. 앞으로도 계속 노력할 테니 나를 용서해 줘."라고 말합니다. 그러면서 일상의 소소한 것들을 챙겨주기도 할 거예요. 가족의 생일이나 기념일에 맞추어 축하해 주는 식으로 말이죠. 하지만 이 말은 진실이 아닙니다. 당신이 어떻게 반응할지를 계산해서 던지는 미끼일 뿐이에요. 자신이 당신에게 얼마나 영향력이 남아있는지 떠보는 것에 불과합니다. 당신이 그들의 말을 믿고 다시 기회를 준다면 어떻게 될까요? 정말 예전보다 더 나은 사람이 되어 당신을 존중해 줄까요? 절대 그렇지 않습니다. 당신을 휘두를 수 있는 여전한 자기 영향력, 권력에 심취되어 당신을 이전보다 더 무시하게 될 겁니다.

두 번째, "네가 없으니 종일 술만 마시게 돼." "나 건강 검진 했는데, 결과가 너무 안 좋아."

동정심과 이타심을 자극하는 말들로 당신을 움직이려 듭니다. 타인의 아픔을 그냥 넘어가지 못하는 당신의 그 다정다감한 성향을 이용하는 거예요. 당신만이 그 고통을 해결해 줄 수 있는 유일한 사람인 것처럼 말하며 연민을 불러일으킵니다. "너 없이는 나는 아무것도 아니야."라는 식의 말로 불쌍한 척하며 당신의 도움을 구하기도 합니다. 어떤 말을 하면 당신의 감정을 흔들 수 있는지 너무 잘 알기에 전략적으로 이용하는 것입니다. 기억하시기를 바랍니다. 이들은 상대방의 이타심, 선한 마음조차 자기 이익을 위한 이용 도구로 삼는다는 것을. 따라서 우리가 동정심이나 이타심을 아무에게나 베풀어서는 안 된다는 것을. 사람을 봐가면서, 좋은 사람들 앞에서만 우리의 동정심과 이타심을 베풀어야 한다는 것을 말이에요.

세 번째, "벌써 다른 사람 만나는 거야?" "카톡 프로

210

필을 보니 넌 아무렇지 않은가 보네, 참 무정하다."

앞의 두 가지 방법이 실패했다면, 이제 그 사람은 당신을 비난하고 탓하려 들 거예요. 이 이별의 책임을 당신에게 전가하고, 문제의 원인을 당신에게 돌리며 죄책감을 느끼게 할 겁니다. 만일 당신이 그 사람의 말에 발끈하는 식으로 반응하면, 또다시 당신을 자극해 감정적으로 몰아붙이려 들 거예요. 어떻게든 당신의 반응을 불러일으켜 관계의 끈을 이어가려는 시도라고 볼 수 있습니다. 후버링이 시작된 이후 여기까지 왔다면, 위험한 신호로 받아들이셔야 합니다. 당신이 비난에 반발할 때 자기 뜻대로 되지 않는다고 느낀 그 사람은 분노를 느끼고, 그 분노가 범죄로 이어질 수도 있기 때문입니다. 심지어 "네가 날 만나주지 않는다면, 난 극단적인 선택을 할지도 몰라."라며 자신의 목숨을 담보로 상대를 위협할 수도 있습니다. 이에 놀라서 그 사람이 지시하는 대로 다 따르고 굴복한다면, 그 사람은 당신의 두려움을 알아챈 후 더욱 얕잡아 보고 이전보다 더 당신을 휘두르려 할 것입니다.

앞서서 말씀드렸듯이, 위의 말들을 한다고 해서 다 후버링인 것은 아닙니다. 저런 말들을 한다고 해서 다 나르시시스트인 것도 아니에요. 진심으로 자기 잘못을 반성하고, 다시 한번 기회를 얻기를 원하는 사람들도 분명히 있을 거예요. 그러나 이런 경우 그 사람은 당신에게 선택의 자유를 줄 겁니다. 당신이 스스로 선택을 내릴 때까지 기꺼이 기다릴 거예요. 자기 행동을 정말 후회하고 진정으로 당신의 행복을 위하는 사람이라면, 재회를 위해 당신의 죄책감을 이용하는 일도 없을 거고, 당신을 강제로 움직이려 들지도 않을 거예요. 난데없이 극단적인 선택을 언급하는 일도 없을 거고, 즉시 "Yes"를 말하지 못한다는 이유로 당신을 비난하는 행동도 절대 하지 않을 거예요. 그리고 재회 이후에도 당신에게 같은 실수나 잘못을 저지르지 않기 위해 진정으로 노력할 것입니다.

안전 이별을 위한 여섯 가지 조언

이러한 교묘한 후버링에 끌려다니지 않도록 미리 예방할 방법은 없을까요? 후버링은 이별 후에 일어나는 일이기 때문에 이별을 준비하는 시점에서부터 미리 주의하고 대비할 필요가 있습니다. 그렇지 않고 무방비 상태에서 아무 생각 없이 결별을 고했다가는, 나도 모르게 나르시시스트에게 후버링할 빌미를 주게 되죠. 어떻게 이별하는가에 따라 이들이 당신을 후버링하기 쉬울 수도 있고 어려워질 수도 있다는 거예요. 나르시시스트들과 이별을 앞두고 우리가 반드시 기억해야 할 것을 여섯 가지로 정리해 보았습니다.

첫 번째, 다시 만날 이유가 될 만한 것들을 미리 정리하세요.

다시 만나자고 할 빌미가 될 만한 것들이 없는지 살펴보세요. 헤어진 이후 그들은 무슨 이유를 대서라도 당신을 다시 만나려고 할 것이기 때문에, 다시 만날 명분으로 삼을 만한 것들을 우선 다 정리하셔야 합니다. 받아야 할 물건이 있다면 미리 받고 돌려줘야 할 것이 있다면 미리 건네주세요. 당신의 물건이 그 사람 집에 있고 꼭 돌려받아야 할 물건이라면 어떤 이유를 대서라도 가져와야 합니다. 직장에서 쓸 일이 생겼다고 말하든지 "누가 빌려달라고 하더라."라고 하는 등의 이야기를 만들어 내서라도 가져오세요.

두 번째, 되도록 밝고 트인 공간에서 이별을 말하세요.

여러분이 이별을 고했을 때 그들은 분노를 드러낼 수 있습니다. 소리를 지르거나 물건을 던지거나 벽을 쾅 치거나 폭력적 상황이 발생할 수도 있어요. 그러므로 반드시 이별을 고할 장소는 단둘이 있는 밀폐된 공간이 되어서는 안 됩니다. 되도록 열린 공간에서 얘기하시고 만일 그 사람이 다른 좋은 곳으로 가서 얘기한다거나, 여기 분위기가 별로다, 다른 곳에서 뭐 줄 것이 있다는 식으로 말해도 절

나는 너 없으면 안 돼

대 장소를 바꾸시면 안 돼요. 심각한 이야기를 할 때는 사람들이 없는 곳에서 둘만 해야 하는 게 아닌가 싶겠지만, 그런 건 신경 쓰지 마세요. 당신의 안전이 훨씬 더 중요합니다. 어떻게 이런 데서 이별을 말할 수 있냐며 그 사람이 당신을 비난할 수 있지만, 그런 말은 무시해도 됩니다. 당신은 자기 말이 백번 천번 무시당해도 참아 왔잖아요. 그동안 무시당해 온 것의 천분의 일 정도만 돌려주고 끝내는 거로 생각하세요. 그리고 기억하시기를 바랍니다. 만일 그 사람의 의도대로 장소를 옮겨 버린다면, 그 사람은 자기 의도대로 끌려가는 당신을 더 만만하게 보고 당신을 더 휘두르려 들 겁니다.

세 번째, 이별을 말할 땐 감정을 숨기고, 냉정하고 단호하게 말하세요.

이별하겠다는 의지를 단호하게 밝히시되 화는 내지 마시고 차분하게 얘기하세요. 그 사람의 눈치를 보며 심기를 살필 필요도 없지만, 일부러 자극할 필요도 없습니다. 그 사람이 당신 앞에서 반성하고 사과하고 불쌍하게 보여도 감정적으로 흔들리는 모습을 보이지 마세요. 앞으로 잘하겠다, 변하겠다, 너 없이는 안된다 등등 그 어떤 말을 해도 믿지 마세요. 다 거짓말입니다. 그들의 전략은 당신의 감정을 흔들어 붙잡아 두려는 겁니다. 그 어떤 말에도 휘둘리지 마세요. 그리고 네가 노력하면 우린 다시 잘될 수도 있다는 식으로 어떤 가능성을 열어두는 그런 말은 절대 해서는 안 됩니다. 만일 그 사람이 동정심에 호소하면서 극단적인 선택을 하겠다고 얘기를 한다면, 차분한 목소리로 이렇게 말하세요.

"네가 극단적인 선택을 한다고 해서 내 마음이 바뀌는 거 아니야."

"그러다 진짜로 극단적인 선택을 하면 어떡해요?"라고 묻는 분들이 있습니다. 크게 걱정하실 필요 없는 것이, 나르시시즘이 강한 사람일수록 삶에 대한 애착이 강하기 때문에 이들이 스스로 자기 목숨을 저버리는 일은 거의 없습니다. 설사 예외적인 일이 일어나 정말 극단적인 선택을 한다고 할지라도, 그것은 여러분의 책임이 아닙니다. 연인 간 이별은, 세상 사람들 대부분이 겪는 일이죠. 정상적인 사람들은 연인 간 이별을 이유로 극단적인 선택을 하지 않아요. 만일 그 사람이 극단적인 선택을 한다면 그것은 그 사람의 인격이 미성숙하기 때문에 일어난 일이지 결코 당신 탓이 아닙니다. 정말 많이 걱정된다면 당신이 할 수 있는 가장 최선의 일은, 받은 문자 혹은 통화 내용 녹음한 것을 경찰에 알리는 거예요. 그렇게 하면 이후로는 그 사람의 목숨을 염려하고 지키는 것은 경찰의 책임이 되겠죠. 그러니 걱정하지 말고 자기 자신을 지키는 데에 집중하시기를 바랍니다.

네 번째, 헤어졌다면, 이후로는 연락해서도 안 되고 받아서도 안 됩니다.

모든 문자와 전화는 다 수신 거부하고 신경 쓰지 마세

요. 당분간 어두운 시간에는 혼자 다니지 마시고요. 한동안 주변 사람들에게 도움을 요청해서 에스코트를 부탁하는 것이 좋습니다. 이들은 또 다른 희생양을 찾기 전까지, 또 찾는 동안 기간이 생기는 족족, 자신이 필요할 때마다 당신을 생각하고 연락하고 괴롭힐 수 있습니다. 절대 어떤 상황이 와도 재회는 금물입니다. 찾아와서 아무리 무릎 꿇고 눈물 흘리면서 싹싹 빌면서 잘못했다고, 변하겠다고 해도 절대, 절대 그 말을 믿으시면 안 됩니다.

다섯 번째, 이별 후 그들의 비열한 짓에 흔들리지 마세요.

이별 후에 이들은 당신 주변 사람들에게 당신과의 이별에 대한 악의적인 소문을 낼 수도 있습니다. 주변을 자신의 편으로 끌어들여 당신을 압박할 수 있어요. 주변 사람들에게 당신에 관해서 정말 추잡하고 악한 얘기들을 늘어놓으면서 자기는 굉장히 좋은 사람이고 피해자라며 떠들고 다니는 거죠. 사실과 거짓말을 섞어서 말하든지 아니면

100퍼센트 거짓말을 지어내든지 해서 황당한 소문을 퍼뜨립니다. 이런 일 때문에 당신은 괴로움을 겪을지도 모르고, 자존심이 많이 상할 수 있습니다. 그렇지만 우리가 이런 일을 알고 당하는 것과 모르고 당하는 것은 완전히 다르죠. 이 책을 읽고 마음의 준비가 된 상태에서 예상하던 일이 일어나면 마음에 한층 더 여유가 생길 겁니다. 여유가 있는 만큼 기지를 발휘해 억울한 상황을 생각보다 빨리 빠져나갈 수 있을 거예요.

또한 시간이 약임을 기억하시기를 바랍니다. 시간이 지나고 이 모든 일이 희미해질 때쯤, 이별을 선택한 게 얼마나 다행인지를 생각하며 자신을 칭찬할 날이 분명히 옵니다. 몇몇 믿을만한 사람들에게 상황을 솔직하게 터놓고 얘기하시고 위로와 격려 등의 정서적인 지원을 받을 수 있다면 더 좋을 것입니다.

여섯 번째, 이별 후 한동안은 자신만의 시간을 가지

세요.

　여러분의 이야기에 귀 기울일 만한 사람들을 곳곳에 두고 그 사람들과 시간을 보내세요. 이별에서 오는 공허함 때문에 급하게 새로운 연인과 교제를 시작하는 것은 절대 도움이 되지 않습니다. 한동안 연애는 자제하는 게 좋아요. 혼자만의 시간이 꼭 필요합니다. 한동안 시간을 가지면서 연애에서 생겼던 상처에서 벗어나고 자신을 돌아보는 시간을 가져야 해요. 내가 건강해야 건강한 사람을 만날 수 있다는 것을 기억하시기를 바랍니다. 나르시시스트로부터 받은 부정적인 영향에서 충분히 벗어나지 못한 상태에서는 연애하더라도 건강하지 못한 연애를 할 확률이 높습니다. 또한, 헤어진 상대가 어떤 모습으로 살고 있는지 궁금해하지 마세요. 그 사람이 어떤 인생을 살든, 이제 당신과는 완전히 상관없는 일입니다. 이제부터 오롯이 당신 자신을 돌보고 사랑해 주고, 배려해 주는 시간을 가지세요.

물론 이 모든 것은 당신의 연인이 나르시시스트라는 가정하에서만 적용해 볼 수 있을 것입니다. 어쩌면 지금 당신이 만나고 있는 그 사람은 나르시시스트가 아니라 그냥 단순히 성격이 안 좋은 사람일지도 몰라요. 세상에는 참 다양한 사람들이 있고, 흑과 백, 모 아니면 도처럼 사람들을 이분법으로 나눌 수는 없으니까 말이에요. 당신이 만나고 있는 그 사람은 나르시시스트가 아니라 그저 인간관계에 서툴거나 약간 이기적인 사람일 수도 있습니다. 판단하기가 어렵다면, 과거를 돌아보며 그동안 상처와 고통이 얼마나 고질적이고 병적으로 반복됐는지를 생각해 보시기 바랍니다. 나르시시스트들은 절대로 반성하지도 않고 변하지도 않으며 똑같은 문제를 계속해서 쳇바퀴 돌듯 반복합니다. 그러면서도 모든 문제의 원인이 당신에게 있다고 말하죠. 관계가 지속될수록, 대화를 많이 하면 할수록 더 안 좋은 방향으로만 흘러갈 뿐입니다.

그러니 관계 안에서 상처와 고통이 고질적이고 병적으

로 반복됐다면, 아무리 사랑하더라도 의심할 수 있어야 합니다. 문제가 더 심각해져 돌이킬 수 없는 상황까지 가기 전에 말이에요. 다른 사람의 심기를 살피는 일보다 당신 자신의 안전이 우선임을 늘 기억하시기를 바랍니다. 당신은 위험한 사람에게서 벗어나 충분히 좋은 상대와 행복한 연애를 할 자격이 있습니다.

10장

내가 널 어떻게 키웠는데!

: 자녀를 소유물처럼 생각하는 부모

"최고의 복수는, 나에게 상처를 준 사람과 전혀 다른 사람이 되는 것이다."

- 마르쿠스 아우렐리우스Marcus Aurelius

엄마는 제가 어렸을 때부터 한 번도 칭찬을 해준 적이 없어요. 내가 아무리 노력하고 좋은 결과를 보여 드려도, 항상 부족한 점만 찾아 지적하셨죠. 학교 시험에서 100점을 받아와도 제가 잘하지 못한 다른 부분을 들추며 꾸짖기만 하셨어요. 방심하면 또 성적이 떨어질 게 뻔하다며 혼내기도 하셨죠. 단 한 번도 저에게 따뜻했던 적이 없었고, 그럴수록 저는 엄마에게 더 사랑을 갈구했던 것 같아요. 엄마 말을 잘 듣는, 엄마의 꿈을 이뤄줄 수 있는 딸이 되기를 바랐죠. 지금 생각하면 그저 헛된 희망에 불과한데…

엄마   성미야, 내가 지금 너를 위해서 하는 말이잖아. 아무리 세상이 변했다지만 어떻게 너보다 학벌이 안 좋은 남자를 데려오니? 사람들이 우습게 볼까 봐 겁난다. 세상에 학벌 좋고 유능한 남자들이 얼마나 많은데.

성미   엄마, 나 지금까지 살면서 엄마 뜻 어겨본 적 없잖아. 대학도 직장도 다 엄마가 가라는 곳으로 갔어. 배우자만큼은 내가 정하고 싶다고.

엄마	네가 어떻게 감히 그런 말을 할 수가 있어? 엄마가 너를 위해서 얼마나 많은 희생을 하고 너를 위해 포기한 게 얼마나 많은데, 그렇게 은혜도 모르고 감사할 줄도 모르는 애였니?
성미	엄마가 나를 위해 희생 많이 한 거 나도 알아. 감사하게 생각해. 그런데 이건 다른 문제라고. 나도 어른이고 누구랑 결혼할지는 내가 선택할 문제야.
엄마	성미야. 네가 세상을 잘 몰라서 그래. 나중에 살다 보면 엄마 말 듣길 잘했다고 생각할 때가 올 거야. 네 멋대로 결정했다가는 나중에 땅을 치고 후회할 거라고. 쯧쯧… 내가 널 어떻게 키웠는데 겨우 그깟 놈이랑… 잠자코 내 말 들어. 결혼은 절대 안 돼.

어머니는 성미 씨의 결혼을 끝까지 반대했습니다. 남자친구가 집 앞에 수십 번을 찾아왔지만, 한 번도 만나주지 않았다고 해요. 성미 씨가 어떻게든 설득해 보려 했지만, 어머니는 완강했습니다. 결국 남자친구는 성미 씨를 떠날 수밖에 없었죠. 어머니가 결혼을 반대한 이유는 단 하나였습니다. 남자친구가 성미 씨보다 학벌이 좋지 않다는 것. 어머니는 성미 씨가 자신이 일찌감치 정해 둔 남자와 결혼하길 원합니다. 성미 씨는 그동안 자신이 어머니 뜻대로 움직이지 않으면 아무런 가치가 없는, 마치 어머니의 소유물로 살아온 것 같다는 생각을 지울 수가 없습니다. 자신을 독립적인 인간으로 바라봐 주지 않는 어머니로부터 이제는 떠나야겠다고 생각하고 있어요.

당신은 부모의 소유물이 아닙니다

"왜 우리 엄마는 내 말은 들어보려고 하지도 않을까요?"
"아빠는 그냥 무서워요. 조금이라도 자기 말을 거스르면 불같이 화를 내요."

　우리 주변에는 부모님에 대해 힘든 마음을 가진 분들이 의외로 많습니다. 부모님이 자녀의 의견을 계속 무시하고 자기 생각만 강요해 왔거나, 전혀 관심을 두지 않고 자녀를 내버려 두었거나, 또는 너무 지나치게 간섭하며 혼자서는 아무것도 못 하게 하는 등 긴 시간 동안 부당한 대우를 받아온 것으로 인해 답답하고 아팠던 기억을 가슴 깊이 묻어둔 채 살아가는 사람들이 많아요. 참 이상하죠. 부모님과의 관계 속에서 만들어진 아픈 기억들은 왜 쉽게 지워지지 않을까요.

특히, 자기밖에 모르는 나르시시스트 부모 밑에서 자란 사람들은 성인이 되어 자기 삶을 돌아보면서 속상함을 많이 느끼게 됩니다. 부모님의 영향으로 여전히 너무 많은 문제 속에 휘둘리며 살아가는 자기 모습, 또 자기도 모르게 부모님이 원하는 선택을 하는 자기 모습을 볼 때마다 슬픔을 가누지 못하며 다음과 같은 고백을 하기도 합니다.

"나는 부모님의 생각에 끌려다녔을 뿐, 나 스스로 내 삶의 주인이 된 적이 없었다."

나르시시스트 부모가 자녀에게 미치는 영향은 적지 않습니다. 일례로, 이들의 자녀는 성인이 되어서 자신의 감정과 생각을 잘 다루지 못하게 되는 경향이 있어요. 왜냐면 나르시시스트 부모는 자녀의 생각과 감정을 인정하지 않기 때문이죠.

아이들이 어떤 것에서 행복을 느끼고 무엇을 싫어하는지, 어떻게 하면 아이가 잘 웃고 어떻게 하면 실망하는지 그런 것들에 전혀 관심이 없어요. 그런 부모 밑에서 자란 아이들은 자신의 감정이나 생각으로 소통할 사람이 없으니, 감정과 생각을 다루는 능력을 상실하게 됩니다. 대신 부모의 감정과 생각을 자신의 것처럼 여기고 거기에 맞추고 만족시키려 노력하며 살게 되죠. 물론 나르시시스트 부모들이 때로는 아이들이 원하는 것을 들어주는 것처럼 보일 때도 있지만, 부모 자신이 원하는 대로 말할 때만 들어줄 뿐이에요.

나르시시스트 부모의 특징'

이런 식으로 나르시시스트 부모는 자녀의 생각과 감정에 많은 영향을 미치고, 그 영향으로 인해 자녀는 커가면서 보통 사람들보다 필요 이상으로 더 많은 문제를 만나게 됩니다. 자녀들에게 이토록 부정적인 영향을 미치는 나르시시스트 부모들에게 또 다른 어떤 특징이 있는지 좀 더 살펴보겠습니다.

첫 번째, 이들은 자식의 인생이 곧 부모의 인생이라고 생각합니다.

부모와 자식 사이에 경계선이 없습니다. 아이들을 자기 인생의 연장선으로 보고 아이들의 성공이 곧 자신의 성공이며 아이들의 실패가 곧 자신의 실패라고 믿습니다. 부모가 원하는 인생을 살기를 강요합니다. 자녀들은 직업이나 공부, 전공, 취미 등등 어느 것 하나 자기 생각으로 자유롭게 선택하지 못하고 부모의 늘 부모의 눈치를 봐야 합니다.

두 번째, 남들에게 보이기 좋은 성과와 성취에만 집중합니다.

학교 성적이 얼마나 좋은지, 부모가 원하는 분야에서 상을 받았는지 어떤 평을 듣고 있는지 같은 문제에는 관심이 많습니다. 자신들이 원하는 모습으로만 성장하기를 바라죠. 남들 앞에서 자기가 어떻게 보이는지를 중요하게 여기는 나르시시스트의 특성이 아이에게까지 영향을 주는 거예요. 마치 자신의 품격을 끌어올려 주는 장신구처럼 생각하고, 빛이 나지 않으면 쓸모가 없다고 생각합니다.

세 번째, 끊임없이 지적하고 가르칩니다.

삶의 지혜란 부모만이 줄 수 있는 거라 믿고 있습니다. 그리고 지적하고 비판하고 나무라는 것이 가장 최고의 교수법이라고 생각합니다. 한마디로 무지한 거죠. 자녀가 인생을 사는 데 필요한 모든 방법을 자신들만 다 알고 있다고 생각합니다. 자녀들이 자신보다 뭘 더 많이 알고 있을 거라는 생각을 전혀 못 하죠. 요즘 서점에 가면 온통 자기계발과 인간관계, 대화와 소통에 관한 책들로 가득 차 있죠. 그 수많은 책 중에 단 한 권도 제대로 소화하지 못했다는 뜻입니다. 아마 책을 많이 사서 책꽂이에 장식용으로 꽂아놓고는 자신이 읽은 줄 착각하고 뿌듯하게 읽은 척,

내가 널 어떻게 키웠는데!

아는 척은 다 하고 다닐 수도 있습니다.

네 번째, 집의 안과 밖에서의 모습이 다릅니다.

밖에서 남들 앞에서 훌륭하게 보이도록 열심히 관리한 이미지를 자신의 실제 모습이라고 믿고 싶어 합니다. 아이는 집의 안팎에서 달라지는 부모의 모습에 혼란을 겪게 되죠. 집안에서 보는 부모의 모습을 밖에서는 절대 말할 수가 없으므로 늘 비밀을 유지해야 하고 부모의 위신을 생각하며 아무 문제 없는 것처럼 거짓말을 해야 합니다. 거짓말과 친해질 수밖에 없는 환경에서 살아가는 거죠.

다섯 번째, 문제 해결 능력이 없습니다.

이들은 갈등과 문제가 생겼을 때 원인을 찾아 해결하는 법을 모릅니다. 그리고 이 갈등과 문제를 통해, 더 배울 수 있고 더 발전할 수 있다는 사실을 전혀 모릅니다. 공부하고 책에서 읽더라도 그것이 실제로 가능하다고는 믿지 않습니다. 혹여 남들에게는 가능하더라도 자신과 관련된 일은 아니라고 생각하죠. 그들에게는 남에게 책임을 떠넘기는 것이 문제를 해결하는 최선의 방식입니다. 그래서 원인을 찾기보다 범인을 지목해서 그 사람에게 자신의 부정적인 감정을 다 쏟아버립니다. 그런 식으로 자녀 중 한 명 이상은 늘 희생양이 되고, 희생양이 된 아이는 부모의 말 대로 가정의 모든 문제를 자기 탓으로 돌리며 살아가게 되죠.

  나르시시스트 부모는 자신에게 절대 흠이 없다고 생각합니다. 설사 자기 잘못이 완전히 드러나더라도 자신이 그렇게 한 건 남다른 이유가 있다는 식으로 합리화시킵니다. 자기 자신을 늘 완벽한 존재로 생각하기 때문에, 자신의 성격에 흠이 있어서 상담받는다는 건 상상도 할 수 없고, 억지로 상담사 앞으로 끌려가게 되더라도, 전문가의 말을 절대 듣지 않습니다. 자기 자기 모습을 제대로 보지 못하기 때문에 이야기해도 현실과는 동떨어진 이야기를 하고 아무리 실력 있는 전문가라 해도 조언이나 도움을 전혀 받으려고 하지 않아요. 그러므로 여러분이 부모님을 정신과

내가 널 어떻게 키웠는데!

의사 혹은 심리상담사 앞으로 모셔 가서 문제를 해결하려고 한다면, 전혀 효과를 보지 못할 가능성이 큽니다.

나르시시스트 부모 밑에서 자란 사람들의 특징

앞서 말씀드렸듯이, 나르시시스트 부모 밑에서 자란 자녀들은 커가면서 감정을 느끼지 못하게 되는 경우가 많습니다. 자신이 감정을 표현할 때마다 부모님이 부정적인 반응을 보여 왔기 때문에, 그 어떤 느낌이나 감정도 갖지 않으려고 노력하는 것입니다. 감정을 갖는 것은 아주 위험하고 나약한 일이라고 생각하게 되는 거죠. 무의식적으로 자신의 안전을 위한 방어기제로써 감정을 죽이고 느끼지 못하는 상태로 자신을 몰아갑니다. 감정을 느끼지도 않고 표현하지도 않는 것을 강한 모습이라고 생각하며 살아가게 된다고 해요. 이외에도, 나르시시스트 부모 밑에서 자란 사람들에게는 어떤 특징이 있는지 몇 가지로 정리해 보았습니다.

첫 번째, 만성적인 자기 비난은 한다는 것입니다.

나르시시스트 부모는 아주 사소한 것으로도 폭발하고 상처를 주기 때문에 자녀들은 늘 살얼음판 위를 걷는 것 같은 느낌으로 살아갈 수밖에 없습니다. 별것도 아닌 것으로 계속해서 지적과 비난을 받는 상황에서 어린 자녀들은 그 상황을 피할 힘이 없죠. 그렇기 때문에 거기서 살아남는 방법은, 정말 문제가 자신에게 있다고 인정하고 자신을 돌아보고 끊임없이 변하려고 노력할 수밖에 없는 거예요. 그렇게 하면 사랑받을 수 있다고 희망을 품고 말이죠. 자신의 자존감을 희망과 거래한 셈입니다. 문제가 생기고 부모가 폭발하면 자기가 잘못해서라고 생각하기 때문에 항상 문제를 만들지 않으려고 합니다. 모든 일을 완벽하게 하려고 해요. 조금이라도 실수나 실패가 있을 때마다 자신을 비난할 수밖에 없게 되는 것입니다.

두 번째, 사랑하는 사람들에게 실망이나 분노를 표현하는 것을 위험하다고 생각합니다.

내가 널 어떻게 키웠는데!

이건 사실 당연한 이야기죠. 부모님에게 실망이나 분노를 표현할 때 위험한 상황이 초래되는 경험을 너무도 많이 했기 때문입니다. 실망했을 때, 분노했을 때 그것을 제대로 표현하지 않기 때문에, 나르시시스트들이 쉽게 선을 넘고 공격할 수 있는 대상이 되기도 합니다. 비난하고 공격하기를 좋아하는 나르시시스트가 가까이 지내면서 의지하기도 쉽고, 이용하기도 쉬운 존재가 되는 거죠.

세 번째, 치열하게 독립적으로 살아갑니다.

나르시시스트 부모들은 자신의 필요와 욕구를 채우지 못할 때마다 폭발하고 부정적 언행을 하는 사람들이죠. 이 모습을 지속해서 보아왔기 때문에, 그 자녀들은 부모와 반대로 행동하려 합니다. '나는 아무도, 아무것도 필요하지 않아'라고 생각하고 스스로 모든 것을 혼자서 다 해내려고 합니다. 그리고 사람들에게 관심 받고 기억될 만한 자리에 있기를 굉장히 부담스러워하는데, 사람들이 자신의 정서적 필요를 채워주려고 하는 것에 대해 불편해하고 심지어

죄의식을 느끼기도 해요. 자신에게 무언가가 필요하다는 느낌이 들 때, 사람들로부터 그것을 채우려 하기보다는 자신의 감정 자체를 무시함으로써 그 필요를 해결하려고 합니다.

네 번째, 불안정한 애착 관계를 맺게 됩니다.

사람들과 안정적인 유대관계를 유지하지 못하고 너무 멀거나 너무 가까운 관계를 유지하려고 하죠. 이 불안정 애착에 대해 간단히 설명하자면, 크게 두 가지로 나눌 수 있는데, 회피형 애착과 불안형 애착입니다. 먼저 회피형 애착 유형은 누구 와도 친밀한 애착 관계를 형성하지 못합니다. 연인이나 배우자처럼 아주 가까운 관계에 있는 사람과도 친밀한 감정 교류가 이뤄지지 않죠. 이들은 늘 마음의 문을 걸어 잠그고 자신을 방어하면서 항상 어느 정도 거리를 둔 표면적인 대인관계만을 유지하려고 합니다. 그와 반대로 불안형 애착 관계의 경우, 상대방에게 지나칠 만큼 가깝고 친밀한 관계를 요구합니다. 항상 같이 있으려

내가 널 어떻게 키웠는데!

고 하거나, 늘 사랑을 끊임없이 확인하려 들고, 조금이라
도 자신을 소홀히 한다는 느낌을 받으면 많이 서운해합니
다. 그러다가 어느 순간 공격적인 태도로 돌변해 화를 내
거나 상대방을 외면하기도 하죠.

**다섯 번째, 인생의 어느 순간, 니드패닉Need panic이라
고 하는 것에 빠집니다.**

이 니드패닉은, 우리말로 하면 '필요에 대한 공포'라고
할 수 있습니다. 평소에 남들에게 짐이 되기 싫은 마음을
가지고 사람들에게 공감하고 맞춰주고 돌봐주고 하던 사
람이 어느 순간, 갑자기 "아, 이제 더 이상 그렇게 못하겠
다."라는 생각이 들고 인생의 위기가 찾아오는 거죠. 원래
는 자신이 남들의 도움이 없이 혼자서 충분히 자족하는 사
람이라고 생각해 왔는데 언젠가부터는 그게 불가능해지면
서, 사람들과 더 만나려고 하고 더 많이 연락하고 싶어 하
는 낯선 자기 모습에 놀라게 된다고 합니다. 오랫동안 자
신의 필요를 억누르며 살아온 것에 대한 비용을 치르는 것

이고, 또 자신이 다른 사람의 도움이 필요한 보통의 평범한 인간이라는 것이 증명되는 시기라고 합니다.

부모님과 다른 삶을 살기 위해 반드시 알아야 할 것

나르시시스트 부모님의 부정적인 영향에서 완전히 벗어나 건강한 삶을 살기 위해서는, 우선 부모님으로부터 완전히 독립해야 합니다. 전문가들의 말에 따르면 물리적으로, 정신적으로, 그리고 경제적으로 독립해야 한다고 합니다. 이 세 가지 중 한 가지만 놓쳐도 완전히 다른 삶을 살기는 힘들 수밖에 없습니다. 일단 물리적으로 먼 곳에 살아야 하고, 정신적으로 부모님에게서 영향을 받지 않도록 좋은 지식을 쌓아 나가야 하죠. 그리고 경제적으로도 필요 이상으로는 영향을 주고받지 않도록 환경을 만들어 나가야 합니다. 만일 피치 못할 사정이 있어서 물리적 거리를 둘 수가 없거나 경제적으로 독립하기 힘든 상황이라면, 우선은 정신적으로 먼저 독립하면서 다른 것들을 차차 준비해 나가는 것이 좋습니다.

자녀의 나이가 어릴 때는 부모님이 아이들에게 신과 같은 존재라고 합니다. 부모가 보여주는 세상이 그들에게는 전부나 마찬가지죠. 아이들은 부모가 살아가는 방식 그대로를 따라야 한다고 생각하며 살게 돼요. 아이들은 자기 부모와 다른 부모를 비교할 수 있는 능력이 거의 없습니다. 부모의 행동을 객관적으로 평가할 수 있는 능력도 없어요. 부모에게서 나쁜 아이라는 말을 들으며 자라는 아이는 자신도 모르게 자신을 정말 나쁜 사람이라고 생각하게 된다고 하죠. 부모의 사랑에 어딘가 결함이 있다면 아이들은 십중팔구 그 결함의 원인이 자기 자신이라고 생각하게 되고요. 그리하여 비현실적이고 부정적인 자아상을 갖게 된다고 합니다. 아무리 많이 노력하고 좋은 성과를 내도 자기 자신을 만족스럽게 바라볼 수가 없게 돼요. 부모님이 만족한 적이 없는데 내가 어떻게 만족하겠어요. 그러면서 부모의 시각으로 자기 자신을 바라보며 이런 감정을 갖게 됩니다.

"나는 세상에 존재할 가치가 없어. 차라리 없는 게 나은 그런 존재야."

마음속 깊은 곳에서 그런 생각을 갖고 살아가기 때문에, 나를 가치 있게 만들어 줄 만한 무언가를 소유하는 것에 집착하게 됩니다. '아니야, 난 가치가 있어. 이것 봐, 내가 얼마나 대단한 걸 가졌는지. 난 이런 것도 잘하고 저런 것도 잘하고 내 외모는 어때 내 옷은 내 가방은 내 차는? 또 내 연인을 봐 얼마나 멋진 사람인지. 난 정말 괜찮은 사람이야.'라며 늘 자신의 가치를 증명하는 일에 집착하고 목을 매는 삶을 살 수밖에 없게 됩니다.

그러나 아무리 좋은 것을 가지고 또 가져도 마음속 가장 깊은 곳에 들어앉은 감정은 절대 없어지지 않죠. '난 누

내가 널 어떻게 키웠는데!

구에게도 사랑받을 자격이 없어. 사람들은 내가 세상에서 없어지는 걸 원해.'라는 생각은 쉽게 사라지지 않습니다. 그래서 사랑하는 사람이 생기면, 이 사람이 정말 날 떠나지 않을지부터 걱정하죠. 나와 가까이 지내는 사람들을 끊임없이 시험하고 괴롭히면서, '네가 이래도 날 안 떠나? 이래도?'라는 생각으로 어느새 사랑하는 사람을 달달 볶고 괴롭히고 힘들게 만듭니다. 사실 속으로는 이렇게 말하고 있어요.

'제발, 이래도 날 안 떠날 거라고 말해줘. 내가 이렇게 대해도 너는 날 사랑한다고 말해줘. 제발, 딴사람이 다 날 떠나도 너만은 떠나지 않을 거라고 말해줘….'

이렇게 상대를 괴롭히다 상대가 떠나면 필요 이상으로 상대방을 더 미워하고 더 괴롭히려 들기도 하죠. 이게 다 부모의 눈으로 자기 자신을 보기에 일어나는 일입니다. 어릴 때는 누구나 부모의 눈으로 세상과 자기 자신을 바라

볼 수밖에 없습니다. 지금까지는 그래왔다 하더라도, 만일 여러분이 성인이 되었다면, 부모님과는 다른 시선으로 자기 자신을 바라봐야 해요. 완전히 다른 사람의 눈으로 볼 수 있어야 합니다. 그래야 완전히 다른 삶을 살 수 있게 되는 거예요. 부모님은 나를 하대하고 쓸모없는 사람 취급했지만, 사실 나는 굉장히 가치 있고 소중한 사람이라는 걸 반드시 인지하시고 늘 기억하셔야 합니다. 부모님의 생각이 틀렸다는 것을 인정해야만 하는데 이것이 꼭 나쁜 것만은 아니에요. 부모님도 틀릴 수 있습니다. 부모님이 얼마나 연약한 존재이며 상황이나 환경에 따라서 흔들리고 혼란스러워하는 그저 평범하고 불완전한 인간에 불과한지를 인지하셔야 해요. 부모님은 절대 신이 아닙니다. 이걸 먼저 깨달으셔야 부모님에 대해서, 그리고 나에 대해서도 객관적인 판단이 가능해집니다.

또한, 부모님의 시각에서 벗어나 완전히 다른 시각으로 자신을 바라보기 위해 부모님의 생각 속에 있는 기준과 완

내가 널 어떻게 키웠는데!

전히 다른 기준 체계를 마음속에 만들어 내야 합니다. 이 때 정말 중요한 것이 바로 독서입니다. 부모님이 세상을 보는 방식에서 벗어나려면, 다른 사람들은 어떤 시각을 가지고 세상을 바라보는지 먼저 알아보는 게 좋겠죠. 다른 사람이 어떤 시각으로 세상을 보고 있는지를 알아볼 수 있는 가장 좋은 방법의 하나가 바로 독서입니다.

물론, 책이든 강연이든 뭐든 항상 100퍼센트 다 믿어서는 안 됩니다. 세상에 수많은 사람이 존재하듯이 책 속에도 정말 수많은 가치관이 존재하고, 그 모든 가치관이 전부 다 유익한 건 아니거든요. 여러분이 지금 읽고 계시는 이 책도, 비판적인 마인드를 가지고 읽으시면서 받아들일 건 받아들이고 아니다 싶은 건 거르면서 읽으셔야 합니다. 이 세상에 그 누구도 완벽한 사람은 없기 때문이죠. 대신 되도록 다양한 분야의 다양한 책들을 많이 접하시면서 옳고 그름의 기준으로 삼을만한 좋은 이야기들과 구체적인 예시를 마음속에 하나씩 쌓아 나가시기를 바랍니다.

그렇게 책들을 많이 접하다 보면, 지식이 점점 늘어가면서 우리 내면에 서서히 새로운 기준이 생겨나기 시작합니다. 부모님은 항상 정리 정돈이 중요하다고 하셨지만, 성공한 사람들의 책을 읽어보니 때로 예외적인 경우가 있을 수 있다는 걸 발견하게 돼요. 부모님은 늘 시간을 별로 중요하게 생각하지 않으셨는데 책을 보니 훌륭한 사람들은 시간을 정말 소중하게 생각하고 있다는 말이죠. 부모님은 내가 시험에서 80점을 받아오면 화를 내셨는데, 현명한 부모에 관한 책들을 읽어보니 그들은 달랐다는 거예요. 80점이 아니라 50점만 받아와도 잘했다고 칭찬해 주는 부모들이 세상에는 존재하고 있습니다. 그렇게 칭찬받으며 자란 아이들은 상대적으로 자존감도 높은 편이죠. 부모님으로부터는 절대 얻을 수 없었던, 책을 통해 얻게 된 지식이 내 안에 축적하고 어떤 문제에 부딪혔을 때 부모님의 말씀이 아닌 책에서 봤던 말들이 생각나는 그런 삶을 살아야 합니다. 물론 부모님에게 있는 좋은 습관이나 경험, 지식은 받아들이면서 말이죠.

내가 널 어떻게 키웠는데!

부모와 다른 삶을 살고자 노력하는 과정에서 제대로 된 지식을 쌓았는지가 큰 차이를 만들어 냅니다. 부모가 나를 학대하고 화낼 수밖에 없었던 그 심리와 원인을 분석해 내고, 내 속에 부모님과 비슷한 생각의 패턴이 있는 건 아닌지 살펴보고 근본적인 사고방식을 변화시키는 과정이 있어야 완전히 다른 삶을 살 수 있게 되는 거예요. 이것은 독서를 통해 자신을 변화시키려는 노력으로 가능합니다. 내가 조금이라도 선한 일을 했다면 그것을 가치 있게 바라볼 수 있어야 하고, 그리고 뭔가 노력한 게 있다면 그것을 의미 있게 생각할 수 있어야 합니다. 그리고 남들에게도 똑같이 적용할 수 있는 사람이 되었을 때 그때 비로소 부모와는 다른 시각을 갖고 부모와 다른 선택을 하며 부모와 완전히 다른 삶을 살게 됩니다.

다른 그 무엇보다 '지식'이야말로 우리를 변화시킬 수 있습니다.

11장

별일 아닌데
왜 자꾸 문제를 키우는 거야?

: 자신과 타인에게 완전히 다른 잣대를 적용하는 사람들

"원칙을 지키기 위해 충동을 억제하지 못하는 사람이 행복을 이야기해 봐야 헛된 일이다. 미래를 위해 현재를 희생하지 못하는 사람이나 전체의 선을 위해 개인의 선을 희생하지 못하는 사람은 행복을 말할 수 없다. 그것은 눈먼 사람이 색깔을 말하는 것과 같다."

- 호레이스 만Horace Mann

도대체 혜수 선배는 이해할 수 없어요. 정말 짜증이 나요. 다들 힘들게 자료를 조사하고 의견 취합하고 발표도 준비하고 그러는데, 혜수 선배만 계속 아무 준비도 하지 않고, 미팅에 참석조차 안 해요. 다양한 핑계를 대면서 자리를 피하는데, 말도 안 되는 이유를 갖다 붙이는 통에 선배 말은 더 이상 믿지 못하겠어요. 같은 조가 된 사람들 모두 선배의 뻔뻔한 태도에 아주 이골이 났죠. 교수님께 이야기해서 팀에서 빼야 한다고들 말하지만, 말이 쉽죠. 정말 어떻게 해야 할지 모르겠어요. 진짜 이런 사람, 다시는 만나지 않았으면 좋겠어요.

수아　선배, 지금 과제 발표가 3일도 안 남았는데, 자료를 빨리 넘겨주셔야 저희가 제대로 준비할 수 있을 것 같아요. 그리고, 지난번 미팅에 갑자기 불참하셔서 저희가 좀 많이 곤란했습니다.

혜수　하… 자료는 내가 내일까지 주면 되잖아. 그리고 저번 미팅은 내가 급하게 지방에 일이 있어서 못 간다고 단톡방에 남겼는데. 그 정도 했으면 이해해 줘야 하는 거 아니니?

수아   그게, 미팅 10분 전에 메시지 하나 남기고 연락이 안 되었잖아요. 그럼, 우선 작성한 자료만이라도 공유해 주세요. 나머지는 저희가 어떻게든 해 볼게요.

혜수   내가 자료를 주기 싫어서 안 줬니? 다른 것도 아니고, 장례식이었다고. 할머니 돌아가신 게 내 잘못은 아니 잖아? 내가 이런 거로 네 눈치를 봐야 해? 이런 식이 니, 우리 팀이 잘 풀릴 리가 있겠어?

수아   죄송해요, 장례식장에 가신 줄은 몰랐어요. 지방에 일 이 있다고만 말씀하셔서… 다만, 선배가 맡은 자료가 빠져서 남은 사람들이 지금 다들 곤란한 상황이에요. 이해를 좀 해주셨으면 좋겠어요.

혜수   내가 상황이 어떻든 자료부터 내놔라, 이 말이네. 진짜 너무한다. 내가 못 주겠다면 어쩔 건데? 팀에서 내 이 름 빼기라도 하게? 그래, 마음대로 해봐. 나도 교수님 께 따로 말씀드릴 테니까. 너희 인성이 얼마나 최악인 지 다 말씀드리면 되잖아.

프로젝트를 준비하는 동안 혜수 씨는 늘 이런 식이었습니다. 수도 없이 미팅에 불참하고, 자료는 줄 생각도 없으면서 매번 핑계를 대며 발끈하는 거예요. 이런 적반하장식 태도에 팀원들 모두 이미 지친 상태였죠. 참다못해 총대를 메고 혜수 씨를 찾아간 수아 씨는 모든 게 혼란스럽습니다. 대화를 통해 문제가 해결되기는커녕, 모멸감만 잔뜩 느끼다 돌아왔거든요. 혜수 씨가 더 이상 협조할 의사가 없다는 판단하에 결국 팀원들은 혜수 씨의 이름을 빼고 과제를 제출했습니다. 그런데 이후 교수님의 호출이 있었고, 수아 씨와 팀원들은 아주 황당한 이야기를 듣게 되죠.

혜수 씨가 교수님을 찾아가 그 앞에서 눈물 흘리며 호소했다는 거예요. 팀원들이 자신을 따돌렸다고 말이죠. 장례식 때문에 어쩔 수 없이 미팅에서 빠졌는데, 팀원들이 상의도 없이 자신을 왕따시키고 프로젝트에서 제외시켰다고 말했다는 겁니다. 교수님은 팀장인 수아 씨를 불러서 책임을 물었고, 이번 학기 프로젝트는 완전히 물거품이 될 위기에 빠졌습니다.

말로는 도저히 설득되지 않는 사람들

인지심리학자인 김경일 교수는 다음과 같이 말합니다.

"진짜 나쁜 악인의 경우 우리가 벗어나기가 쉽지 않고, 화해나 협상은 더더욱 불가능하다."

물론 혜수 씨를 '진짜 나쁜 악인'이라고 판단하는 것은 좀 무리일 수도 있어요. 다만 우리가 알아야 할 것은, 주어진 환경에서 나타나는 양상이 좀 다를 뿐, 악한 사람들이 주변에 해를 끼치는 방식은 크게 다르지 않다는 것입니다. 만만한 사람과의 약속은 밥 먹듯이 어긴다는 것과, 나는 되지만 너는 안된다는 내로남불식 태도, 그리고 뻔히 들통날 거짓말도 눈 하나 깜짝하지 않고 아무렇지 않게 한다는 것, 또한 문제가 생길 때마다 도리어 자신은 피해자라고 주장하는 등의 방식은 나르시시스트, 사이코패스, 소시오패스 등 우리가 악인이라고 말하는 사람들의 공통적인 특징입니다. 정도의 차이가 있을 뿐 이들이 사람들을 괴롭히는 방식에는 매우 큰 유사점이 있다는 거죠.

악인 중에 빠뜨리면 서운할 이 나르시시스트들 또한, 화해나 협상 등 대화를 통해서는 문제를 해결할 수 없습니다. 좋은 말과 존중하는 태도만으로는 결코 그들을 제대로 다룰 수 없어요. 그러면 그들을 어떻게 다뤄야 할까요? 김경일 교수를 비롯해 여러 전문가의 의견에 따르면, 아주 단호하게, 적극적으로, 강력하게 말을 해야 합니다. "네가 나를 건드리면 나도 너를 확실하게 괴롭힐 거야."라고 하는 강력한 메시지를 주는 것이 그 무엇보다 더 중요하다고 해요. 이들은 자신이 손해를 보거나 피해당하는 것을 그 무엇보다 더 두려워하기 때문에, 그들의 두려움을 이용해야 합니다. "나를 잘못 건드렸다간 너 또한 큰 피해를 볼 거야."라는 의미를 전달할 수 있어야 하죠. 단, 나르시시즘이 매우 강한 사람, 나에게 큰 해를 가할 수 있는 사람 앞에서는 좀 더 신중해야 할 필요가 있겠죠.

"그 사람을 괴롭히겠다고 말하라고요?"
"나보고 협박을 하란 말인가요?"
"그러다 그들과 똑같은 사람이 되면 어떡해요?"

물론 똑같이 달려들어 받은 대로 되갚아 주라는 뜻이 아닙니다. "내가 이렇게 당했으니, 너도 한번 당해봐라."라는 식으로, 상대를 괴롭히는 것이 목적이 되어서는 안 됩니다. 제가 드리고 싶은 말씀은, 힘의 논리에 익숙한 그들을 다루기 위해서는 우리도 필요할 때 어느 정도는 힘의 논리를 이용할 줄 알아야 한다는 것입니다.

'공격적인' 사람이 아니라, '공격성을 갖춘' 사람이 되세요

나르시시스트들은 짐승에 가까운 사고방식으로 살아가기 때문에, 대화할 때 말의 내용보다는 표정이나 자세, 목소리의 크기 혹은 톤에 더 많은 영향을 받습니다. 강아지 앞에서 작은 목소리로 웃으면서 "널 죽일 거야."라고 말하면 어떨까요? 강아지는 아마 자신을 좋아한다고 느낄 겁니다. 그러나 만일 우리가 얼굴을 찌푸리고 큰 목소리로 고함을 지르며 "너 정말 귀엽구나!"라고 말한다면, 자신을 공격하는 것으로 받아들일 겁니다. 나르시시스트들도 이와 같습니다.

이들을 제대로 다루기 위해 전문가들로부터 여러 가지 다양한 방법들이 제시되고 있지만, 여타 다른 대처법들을 숙지하기 이전에 우리가 먼저 기본적으로 갖춰야 할 마인드가 있습니다. 그들과 공존하며 우리 자신을 지키기 위해서는 때로 '공격성'이 필요하다는 것입니다. 공격이나 비난, 지적 등이 필요할 때가 있어요. 나르시시스트들처럼 자기 욕구와 이익을 위해서가 아니라, 나 자신을 지키고 주변에 질서를 확립하기 위해서 말입니다.

시도 때도 없이 타인을 공격하는 것은 분명히 악한 일입니다. 그러나 타인이 죄 없는 나를 이유 없이 공격하고 대화로는 도저히 해결되지 않을 때, 우리는 분명히 그 사람이 무서워하는 방법을 사용해 제압할 필요가 있어요. 한 번만 더 이렇게 하면 다시는 보지 않겠다고 이별을 무기로 경고해야 할 때도 있고, 대화를 녹음하고는 경찰을 부르겠다고 위협을 해야 할 때도 있습니다. 증거물을 들이대며 많은 사람 앞에서 그 사람의 잘못을 폭로하겠다고 협박하거나, 혹은 실제로 폭로해서 수치심을 안겨줘야 할 때도 있어요. 나르시시스트들은 이 모든 방법을 자신의 이익을 위해, 상대방을 괴롭히기 위해 사용하지만, 우리는 우리의 삶과 생명을 지키기 위해, 사회의 질서를 확립하기 위해 사용해야 합니다.

그런데 안타까운 것은 공격이나 비난, 지적, 위협 등의 부정적인 표현은 무조건 잘못된 행동이라고 생각하는 사람들이 있다는 것입니다. 합당한 상황에서 분노하는 것조차 비도덕적이라고 생각하는 사람들이 있어요. 이런 생각은 여러분을 나르시시스트에게 휘둘리기 쉽게 만듭니다. 어린 시절 부정적인 감정을 표현하면 안 되는 가정에서 자라난 경우 또는 부정적인 표현을 할 필요가 전혀 없는 가정에서 자라난 경우일수록 그 성향은 더더욱 두드러집니다. 이들은 자신의 공격성을 엄격한 도덕적 잣대로 제한하며 그 어떤 상황에서도 분노를 드러내지 않고 대화와 소통만으로 모든 것을 풀어나가려고 하죠.

그러다 한 번도 겪어보지 못한, 정말 뼛속까지 악의적인 사람들을 만나서 모든 생각과 가치관이 완전히 무너지는 경험을 하게 됩니다. 그 어떤 대화로도 그 어떤 상식적인 방법으로도 문제는 풀리지 않고 점점 악화하다가 결국 생사가 걸린 극단적인 전투 상황에 다다르게 되는데, 가해자 앞에서 이성을 잃고 괴물처럼 반응하고 난 뒤 자신에게 그런 폭력성이 있었다는 것을 깨닫고는 큰 절망에 빠지게 됩니다. 전혀 이상한 일이 아니에요. 저 또한 이런 상황을 겪었습니다.

이런 일을 겪은 사람들은 자신에게 닥친 상황보다도, 본인이 행한 말과 행동 때문에, 불안장애에 시달린다고 합니다. 내가, 그토록 싫어하던 가해자의 모습으로 돌변한 것 같아 큰 충격에 휩싸이게 되는 거죠. 엄청난 혼란에 몸 둘 바를 모르게 되고, 무엇이 옳은지 그른지에 대해 갖고 있던 신념이 뿌리째 흔들리는 경험을 하게 됩니다. 하지만 어느 정도 치유가 이루어지고 이성적으로 냉정하게 현실을 판단하려고 애를 쓰다 보면 어느 순간 이런 생각이 들 수 있습니다.

'세상의 모든 가해자들, 내가 그토록 거부하고 멀리하던 그 사람들은 나와는 완전히 다른 사람들이라 생각해 왔는데, 어쩌면, 그들은 이런 억울하고 환장할 만한 상황들을 미리 나보다 더 빨리 더 자주 더 심하게 겪은 것은 아닐까.'

조던 B. 피터슨은 책《12가지 인생의 법칙》에서 이렇게 말합니다.

"착하고 순진하던 사람이 현실의 냉혹함을 깨닫게 되면, 즉 자기 내면에 사악하고 극악무도한 씨앗이 있으며 자신도 위험한 존재가 될 수도 있다는 사실을 깨닫게 되면, 자신을 짓누르던 두려움이 줄어든다. 그와 동시에 자존감이 높아진다. 그때부터 억압에 저항하기 시작한다. 자신도 무서운 존재라서 저항하고 시련을 견뎌낼 능력이 있다고 확신한다."

　악인이라고 믿었던 그 가해자가 어쩌면 그런 혼란을 매일 겪으며 자라난 연약한 어린아이였을 뿐 나와는 크게 다르지 않은 존재일 수도 있었을 거라는 우리는 생각해 볼 수 있습니다. 이렇게 억울하고 아픈 상황을 매일 수도 없이 겪고 수십 년을 벗어날 수도 없는 상황이었다면, 나 또한 남들이 말하는 '악인'이 될 수도 있었을 거라는 생각에 안타까운 마음이 드는 거죠.

　가해자들이 사실은 현실을 제대로 인식하는 능력이 없고 자신을 통제할 능력 또한 없다는 것마저 깨닫게 되면, 우리는 시간이 흐르면서 자연스럽게 그들을 향해 불쌍히 여기는 마음을 품게 됩니다. '제대로 된 사랑을 받았다면 좀 더 수준 높은 사람이 될 수 있었을 텐데 그렇지 못한 탓에 저런 괴물이 되었구나.'라는 마음이 드는 거죠. 그들이 악마가 아니라 연약한 인간일 뿐이라는 것을 받아들이고 나면, 나중에는 이런 생각까지 하게 됩니다.

'와, 저런 성격을 가지고 저런 마인드로 저렇게 지적 능력이 떨어진 상태에서 살아도 이 세상을 살아가는 게 가능하구나. 세상을 살아간다는 게 생각보다 그렇게 힘든 일이 아닐 수도 있겠다. 너무 긴장하지 말고, 나 자신을 너무 많이 고치려고도 하지도 말고, 너무 잘하려고 할 필요도 없겠어. 그냥 있는 그대로 주어진 내 모습에 자신감을 가져도 되겠는데?'

그리고 주변의 악한 사람들이 나보다 연약하고 무식하고 수준 낮은 사람들로 보이기 시작하죠. 본인도 수준이 낮으면서 남들을 무시하는 그런 사람이 아니라, 본인이 정말 수준이 높으므로 남들을 이끌어 줄 수 있는 사람이 되는 겁니다. 이렇게 여러분은 자기 자신이 어떤 존재인지, 객관적인 시각으로 봤을 때 어느 정도의 수준을 가진 능력자인지를 스스로 파악할 수 있게 됩니다. 다른 사람들보다 뛰어나다고 평가받는 것을 거부하는 사람들은 인정하기 싫겠지만, 나 자신이 수많은 오리 떼 속에 있는 한 마리 백조라는 사실을 발견하게 되는 것입니다.

초기에 단호하게 No를 외쳐야 합니다

이렇게 자기 자신에 대해서 그리고 다른 사람들에 대해서 좀 더 객관적인 시각을 갖게 되면, 사람들을 다루는 능력이 점점 더 발전하게 됩니다. 자기 자신을 제어하지 못하는 사람들이 있다는 것을 알게 되었기 때문에, 만일 조금이라도 부당한 일을 당했을 때는 그냥 묵묵히 참는 것이 아니라 초기에 단호히 거부하고 의사를 분명하게 밝혀서 그들이 자신의 욕구를 절제하도록 도와주는 사람이 될 수 있죠. 이 가해자들은 보통 상대방이 초기부터 단호하게 의사를 밝힐 때는 심리적으로 위축되고 행동에도 제약받습니다. 그러면서, 자기 행동에 한계를 설정해 주고 못된 짓을 더 하지 않도록 도와주는 상대방을 존중하는 마음을 가지게 되죠.

　폭력성은 한 번 나타나면 거침없이 확대되는 특성이 있으므로 우리가 초기에 정당한 분노를 표현함으로써 그 싹을 잘라버리는 것이 정말 중요합니다. 능력이 없고 힘이 부족해서 어쩔 수 없이 자신을 지키지 못하는 그런 사람처럼 굴지 마세요. 적절한 반응을 보이지 않아서 자신의 영역을 지키지 못하는 사람들은 쉽게 착취 대상이 되기 마련입니다. 가해자들은 자기 자신을 스스로 통제할 능력이 없으므로 단호한 거절로 자기 행동을 제어해 주는 사람을 더 신뢰하고 따르게 됩니다.

　잘 생각해 보시기 바랍니다. 혹시 공격이나 비난, 지적 등 부정적인 표현이 무조건 잘못되었다고 생각하시나요? 여러분의 그 생각은 어디에서 시작된 것일까요? 혹시 부모님이 주입해 준 편견은 아닌가요? 정말 좋은 부모님은,

자녀가 정말 싫다고 "No!"를 외칠 때 그 표현을 존중해 줍니다. 내가 원하는 건 이게 아니라고 자녀가 화를 내더라도, 그것이 정당한 화라면 받아줄 줄 압니다. 정말 좋은 부모들은 알고 있어요. 정당한 상황에서 자신을 지키기 위해 부정적인 표현은 분명히 필요하다는 것을. 그리고 때로는 그런 부정적인 표현을 통해 상대방이 자신의 잘못된 행동을 제어하게 되기도 한다는 것을. 쓸데없이 시도 때도 없이 부정적인 표현만 한다면 그건 정말 잘못된 것이지만, 여러분이 때와 장소를 잘 가려서 꼭 필요할 때만 정의로운 분노를 표출할 수 있다면, 여러분의 주위는 혼란에서 벗어나 점점 질서가 생겨날 겁니다. 정의로운 분노를 표출하는 능력이 생기면, 오히려 분노를 표출할 일이 훨씬 더 줄어든다는 것을 느끼게 되실 거예요.

마지막으로 말씀드리고 싶은 것은, 나르시시스트에게 당하는 사람들은 사실 보통 사람들이 아니라는 것입니다. 아무나 당하지 않아요. 엄청난 정의감과 지식과 문제해결

능력을 갖추고 자기 자신을 제어할 수 있는 능력자만이 그들의 표적이 됩니다. 나르시시스트들이 나보다 지적 능력이 많이 떨어지고 자신을 통제할 능력이 없을 정도로 수준이 낮다는 것을 확실히 알게 되면, 그리고 그들이 사랑받지 못한 불쌍한 인간들이라는 것을 제대로 파악하게 되면, 어떤 생각이 드는 줄 아세요? 정의롭고 진실한 마음으로 똑똑하게 문제를 해결하고 자신을 통제할 줄 아는 나 자신이 얼마나 대단한 사람인지를 깨닫게 될 겁니다.

나이가 많든 어리든 어느 곳에 살든 성별이나 인종, 종교와 상관없이, 학벌이 어떻게 되든 직위가 어떻게 되든 결혼을 했든 안 했든 장애가 있든 없든, 지금 살아 숨 쉬고 있는 자기 자신을 제삼자의 눈으로 객관적으로 바라볼 수 있게 되기를 바랍니다. 쉽진 않겠지만, 나르시시스트들의 수준과는 비교도 안 되는 능력과 인격을 갖춘 어쩌면 세상을 변화시킬 수도 있는 엄청난 잠재력을 가진 한 사람이 보일 거예요.

자기 자신을 지킬 수 있는 능력, 즉 '공격력' 이것 하나만 더 장착하면 여러분은 정말 그 누구도 무시할 수 없는 엄청난 '인플루언서'가 될 수 있습니다. 선한 에너지를 가지고 세상을 바꾸는 그런 영향력 있는 사람 말이에요. 저는 여러분이 이 새로운 사실을 피부로 느낄 수 있기를 바랍니다. 여러분은 분명히, 오리가 아닌 백조임을 깨달으셨으면 좋겠어요. 언젠가 이 모든 문제가 다 해결된다면 내가 어떤 삶을 살면 좋을지를 마음속으로 한번 그려 보시기 바랍니다.

참고 서적

[1] 스캇 펙(M. Scott Peck) 《거짓의 사람들(People of the Lie: The Hope for Healing Human Evil)》

[2] 스캇 펙(M. Scott Peck) 《아직도 가야 할 길(The Road Less Traveled)》

[3] 마틴 셀리그만(Martin Seligman) 《긍정 심리학(Authentic Happiness: Using the New Positive Psychology to Realize Your Potentia for Lasting Fulfillment)》

[4] 크리스텔 프티콜렝(Christel Petitcollin) 《나는 왜 그에게 휘둘리는가(Échapper aux manipulateurs : Les solutions existent!)》

[5] 크리스텔 프티콜렝(Christel Petitcollin) 《당신은 사람 보는 눈이 필요하군요(Pourquoi trop penser rend manipulable)》

[6] 크리스텔 프티콜렝(Christel Petitcollin) 《나는 생각이 너무 많아(I Think Too Much)》

[7] 샘 혼(Sam Horn) 《함부로 말하는 사람과 대화하는 법(Take the Bully by the Horns : Stop Unethical, Uncooperative, or Unpleasant

People from Running and Ruining Your Life)》

[8] 이오타 다쓰나리(五百田達成)《되받아치는 기술 (「言い返す」技術：ムカつく相手にスパッと言い返す)》

[9] 무옌거(慕顏歌)《착하게, 그러나 단호하게(Your goodness must have some edge to it)》

[10] 스테파니 몰턴 사키스(Stephanie Moulton Sarkis)《가스라이팅(Gaslighting: Recognize Manipulative and Emotionally Abusive People -- And Break Free)》

[11] 에이미 말로 멕코이(Amy Marlow-MaCoy)《그게, 가스라이팅이야(The Gaslighting Recovery Workbook: Healing From Emotional Abuse)》

[12] 로빈 스턴(Robin Stern)《그것은 사랑이 아니다(The Gaslight Effect)》

[13] 장 샤를르 부슈(Jean-Charles Bouchoux)《악성 나르시시스트와 그 회생자들(Les pervers narcissiques)》

[14] 배르벨 바르데츠키(Barbel Wardetzki)《나르시시스트 리더(Narzissmus, Verführung und Macht: Was Narzissten ausmacht und wie sie verführen)》

[15] 마리 린느 제르맹(Marie-Line Germain)《나르시시스트와 직장 생활 하기(Narcissism at Work: Personality Disorders of Corporate Leaders)》

[16] 리처드 체식(Richard Chessick)《자기심리학과 나르시시즘의 치료(Psychology of the self and he treatment of narcissism)》

[17] 나탄 슈바르츠-살란트(Nathan Schwartz-Salant)《자기애성 성격장애의 치료와 분석 심리학(Narcissism and Character Transformation: The Psychology of Narcissistic Character Disorders)》

[18] 우도 라우흐플라이슈(Udo Rauchfleisch)《가까운 사람이 자기애성 성격 장애일 때(Narzissten sind auch nur Menschen)》

[19] 한수정《이상심리학 시리즈 '자기애성 성격장애'》

[20] 김태형《사이코패스와 나르시시스트》

[21] 샤논 토마스(Shannon Thomas)《그 사람은 당신을 사랑하지 않는다(Healing from Hidden Abuse: A Journey Through the Stages of Recovery from Psychological Abuse)》

[22] 네드라 글로버 타와브 (Nedra Glover Tawwab)《나는 내가 먼저입니다(Set Boundaries, Find Peace)》

[23] 로베르 뱅상 줄, 장 레옹 보부아(Rovert-Vincent Joule, Jean-Leon Beauvois)《정직한 사람들을 위한 인간 조종법(Petit traite de manipulation a l usage des bonnetes gens)》

[24] 베셀 반 데어 콜크(Bessel Van Der Kolk)《몸은 기억한다(The Body Keeps the Score)》

[25] 주디스 허먼(Judith Lewis Herman)《트라우마(Trauma and Recover: The Aftermath of Violence)》

[26] 빅터 프랭클(Viktor Emil Frankl)《심리의 발견(psychotherapie fur den alltag)》

[27] 빅터 프랭클(Viktor Emil Frankl)《삶의 의미를 찾아서(Men's Search for Meaning)》

[28] Nina W. Brown 《The Destructive Narcissistic Pattern》

[29] Ramani Durvasula 《Should I Stay Or Should I Go: Surviving A Relationship with a Narcissist》

[30] Ramani Durvasula 《"Don't You Know Who I Am?": How to Stay Sane in an Era of Narcissism, Entitlement, and Incivility》

[31] Les Carter 《When Pleasing You Is Killing Me》

[32] Joseph Burgo 《The Narcissist You Know》

[33] Mark Ettensohn 《Unmasking Narcissism》

[34] Linda Martinez-Lewi 《Freeing Yourself from the Narcissist in Your Life》

[35] Craig Malkin 《Rethinking Narcissism》

[36] Sandy Hotchkiss 《Why Is It Always About You》

[37] Jordan B Peterson 《12 rules for life》

[38] 오은영 《못 참는 아이 욱하는 부모》

[39] 김경일 《타인의 마음》

[40] 조세핀 김, 김경일 《0.1%의 비밀》

[41] 아담 그랜트(Adam Grant) 《오리지널스(Originals)》

[42] 마크 맨슨(Mark Manson) 《신경 끄기의 기술(The Subtle Art of Not Giving a Fuck)》

[43] 라이언 홀리데이(Ryan Holiday) 《에고라는 적(Ego Is the Enemy)》

[44] 팀 페리스(Tim Ferriss)《타이탄의 도구들(Tools of Titans)》

[45] 스티븐 코비(STEPHEN R. COVEY)《성공하는 사람들의 7가지 습관(The Seven Habits of Highly Effective People)》

[46] 로버트 그린(Robert Greene)《인간 본성의 법칙(The Laws of Human Nature)》

[47] 도리스 컨스 굿윈(Doris Kearns Goodwin)《혼돈의 시대, 리더의 탄생(Leadership: In Turbulent Times)》

[48] C. S. 루이스(Clive Staples Lewis)《순전한 기독교(Mere Christianity)》

[49] 에리히 프롬(Erich Fromm)《자기를 위한 인간(Man for Himself)》

[50] 멕 제이(Meg Jay)《슈퍼노멀(Supernormal: The Untold Story of Adversity and Resilience)》

그 사람은 왜 사과하지 않을까

초판 1쇄 발행 ┆ 2023년 11월 8일
초판 2쇄 발행 ┆ 2023년 11월 15일

지은이 ┆ 윤서람
펴낸이 ┆ 김주희
펴낸곳 ┆ 봄에

출판등록 ┆ 제2019-000008호 (2017년 6월 21일)
주소 ┆ 인천시 부평구 장제로 163, 1201호
팩스 ┆ 02)6442-4524   **이메일** ┆ luffy1220@naver.com

ISBN 979-11-90416-05-4 (03180)